用心理學發現微幸福

蔡宇哲、潘怡格◎著

前言

心理學能讓自己更好，也懂得更溫柔的待人

現在教育對於科學素養越來越重視，但什麼樣的方法才能培養科學素養呢？這不該只是考試或單純的課程講授，而是讓學生可以由生活中啟動各種觀察與思索。這本書中的每一篇文章，都是先有一個生活中的情境，接著聚焦情境中某一個想法，再有一個研究方法來加以驗證，獲得結果後

再加以推論並建議相關的應用。這樣的文章結構是依循著科學的幾個步驟：觀察、假設、驗證與預測。我總是覺得，心理學是培養科學素養很好的方式之一，因為生活當中處處都可見心理學。培養科學素養並不是教孩子很多的知識，而是讓他們習慣科學的思維方式。透過閱讀書中的每一篇文章，可以潛移默化的理解原來生活中有這麼多有趣的想法，都可以透過科學的方式來加以討論。

《用心理學發現微幸福》這本書，不只希望呈現心理學是科學的那一面，還針對了「如何獲得美好的生活」這個方向。常有學生提出疑問說：「學了心理學之後，有什麼用呢？」我總是回答他們：「心理學能讓自己更好，也懂得更溫柔的待人」。心理學能夠帶給人的，並不是要讀心、賺大錢或是自我療癒，真正目的是讓人更了解自己。書中談到的情境與研究，雖然讀的時候感覺是在研究他人的行為與心態，但其實那些都是真實的自己啊。當我們可以更了解自己的心智與行為時，自然可以有更多的想法與方法去塑造更好的自我。除此之外，藉由對於人性的理解，也能夠對於他人有更多的寬容。

本書的另一位作者潘怡格，剛從本系畢業，之後就與我一同在幼獅少年月刊上撰寫專欄文章，數年如一日，熱愛吸收並分享各種心理學知識。在知識蓬勃發展、媒體多元化的現在，知識的傳遞若單純依賴老師，實在是太慢了，應該要有更多學有專精者可以將自己所學分享出去。因此我在學校常指導學生將所學的知識整理並傳達出來，對他們而言，在這個過程當中，會對所學的知識有更深刻的理解，也能夠獲得分享知識的喜悅。分享知識的學生越多，知識的傳遞才會越快、越廣。

心理學不是考試科目，知道了這些知識並不會成績變好或是發大財。但若能透過心理學更了解自己，並找到適合的應用方法後，將會讓我們更喜歡自己。

歡迎一起從這些有趣的心理學知識，來發想讓自己更美好的方式吧。

台灣應用心理學會理事長　蔡宇哲

目錄

Part 2 提升身心狀態

Part 3 擁有正向情緒

Part 4 思緒如何影響生活？

Part 5
良好人際關係

Part 6

善用心理學，自我創造幸福

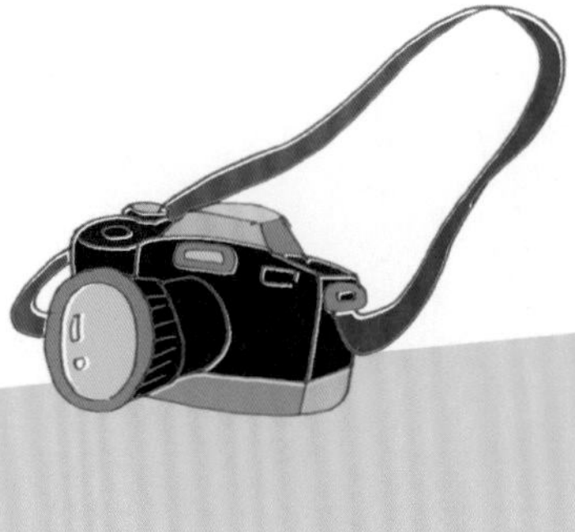

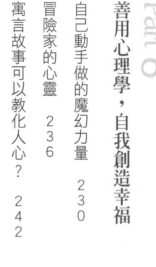

實現願望的祕訣——

S.M.A.R.T.法則

小明：「你今年有什麼目標嗎？我今年想要讀完五十本書！」

小美：「那我要學會彈十首曲子！」

小明：「我也要考過全民英檢中級！」

小美：「真希望這些目標都能實現！」

我們好像常會在特定的日子來設定一些生活目標，像是生日、新年與聖誕節時，希望藉由立下志願來讓自己可以有所成長，變得越來越好。但是常常目標訂了以後卻沒有完成，或是只做了一點點。有時考試考差了，當下決定要好好用功讀書，希望下次有較好的表現。但過了一段時間後就忘了這件事，直到下次又考差了才想起自己曾經立志要好好用功。這種情況老是一再重複發生，到最後對自己越來越沒有信心了。

其實，這種現象背後的原因之一，是因為當我們設定目標要改變時，心中會感到如釋重負，好像自己已經改頭換面一樣——但其實我們都還沒開始做啊！等到一段時間後沒有辦法維持意志力時，目標會帶來更大的挫折，當初期待

自己改變的好心情不見了，甚至出現更深的罪惡感，於是許多人會因此放棄努力，才會讓這種目標落空的情況一再發生。

實驗：如何順利完成目標？

既然光是訂下目標是不夠的，那麼該怎麼做才能順利達成呢？戈維哲（Peter M. Gollwitzer）和布蘭茲達特（Veronika Brandstatter）這兩位心理學家，就做了一個「如何更順利完成目標」的研究。

他們找來一群學生並要求大家完成某些功課，功課有困難的也有簡單的，同時詢問這些學生，對於完成功課是否有具體的執行方法，例如「什麼時候要完成？」、「在哪裡完成？」、「要怎麼完成？」等問題。在學生繳交功課後比對分析，看看能順利完成目標是否與「事先規劃」有關。結果顯示，如果是簡單的功課，不管有沒有事先規劃，大約都有百分之八十的學生會完成；但要是困難的功課就不一樣了，有事先規劃執行方法的學生，最後有百分之六十二的人順利完成，而那些沒有規劃執行方法的學生，只有百分之二十二的人完成，看來困難的功課若有規劃，會比較容易完成。

不過那些完成困難功課的學生，可能本來就有事先規劃的習慣，因此研究者進行了第二個實驗：他們要求學生在兩天內繳交一份報告，其中一半的人必須先具體規劃如何完成報告，像是會在什麼時間、地點寫報告，另外一半的學生則沒有被要求。結果發現，被要求擬訂計畫的學生，最後有百分之七十一的人在規定時間內繳回報告，而沒有被要求擬訂計畫的人，則只有百分之三十二完成。從結果來看，「對目標做出具體規劃」的確有助於我們順利完成目標喔！

這的確跟許多人的生活經驗很像呢！簡單的事情大家都能完成，不用什麼規劃就可以，但困難的事情要是沒有規劃，只是單純想想的話，最終完成的機會就不高，畢竟總是有困難之處，不是三兩下就可以完成的。

那怎麼樣才算是有規劃呢？如果我想學好英文，那麼給自己訂下每天都要讀英文一小時不就好了嗎？其實，針對目標的規劃可不是隨便想想就可以，要是做了一個連自己都無法達成的規劃，那豈不是剛開始沒多久就會失敗了？因此，規劃時一定要從具體並且可行的方向，才會有助於幫忙達成目標。

實踐妙方：S. M. A. R. T法則

以下介紹一個「S.M.A.R.T法則」——「S.M.A.R.T」是五個英文字的縮寫，代表訂定目標的五個原則，可以幫助我們更聰明、有效率的達成目標。

一、具體明確（Specific）

目標必須是一件特定的事，有具體的達成範圍。例如：想把英文學好，那麼就要思考，什麼才算是學好英文？是培養自己的閱讀能力，還是提升英文的寫作實力？或者要通過全民英檢中級？有個具體、明確的目標，比較能夠知道距離自己的期望還有多遠。

二、可衡量的（Measurable）

目標必須是可以評估成果的，而且容易確認的，包括：目標是否已經完成？我是否有進步？進步的程度多嗎？例如：想學好英文，但只以閱讀能力當目標，就無法衡量成果，所以還要訂定評量標準，像是要多背幾個單字？多寫幾篇文章？或是全民英檢要考到幾分？這樣就比較能夠了解自己進步的情況，才能夠從學習過程中獲得喜悅啊！

三、可實現的（Attainable）

想想自己是否有足夠的資源、能力和知識如期達成目標？例如平常一天最多背五十個單字，但卻訂下目標要在一個禮拜內背完三千個單字，那這個目標就超出能力範圍了，不僅難以達成，也會因為難度太高而很容易放棄。

四、相關的（Relevant）

執行和目標相關的事，可以幫助自己更快達成目標。例如：平常可以多聽英文歌、多看英文電影，甚至跟同學用英文對話，這些都可以幫助自己學好英文。

五、明確的時間表（Time-specific）

為目標制訂明確的時間，這樣才能有效的執行進度。有了明確的期限，才知道什麼時間點要做哪些事，也才能檢驗成果，了解自己的努力是否真的有效。例如：要求自己在這個月內完成一篇英文作文、要在今晚八點前寫完英文評量等。

看完五個原則，是否覺得更有方法完成目標了呢？在做任何事之前，我們必須先了解目標是什麼，同時思考具體做法，衡量自己的能力後，在設定的時間內完成，這樣才能確保我們許下的新希望不會落空，讓每個目標都可以心想事成！

別讓電話偷走專注力

小明：「我今天在等捷運的時候，旁邊的阿姨一直在講電話，害我本來想利用時間背一下英文單字的都沒辦法，真討厭！」

小美：「對啊，我之前也遇過這樣的情況，雖然不想聽但還是不自覺地一直聽別人說話的內容，好像自

己也在聽電話一樣。」

小明：「真奇怪我明明不想聽啊，但注意力卻會不由自主被牽引……」

很多人都遇過在公眾場合無意間聽到別人講電話的經驗，不管是在餐廳、公車或捷運上，難免會遇到有人拿起手機大聊特聊，完全不管他人是否會被干擾。心理學家勞倫・艾伯（Lauren L. Emberson）也有同樣的經驗，他發覺自己每天乘坐公車上班時，只要有人用手機講電話，他就無法做專心做事，比聽到有人現場對話還要嚴重。他覺得很好奇，為什麼聽別人講電話會那麼容易分心呢？於是便開始一連串的實驗，研究後發現：「聽別人講電話會比聽現場對話更讓人容易分心，做事情的準確率也會降低！」

實驗：別人講電話讓你分心？

研究者在實驗開始前，先找人針對議題透過手機進行討論。他們的對話以三種方式記錄下來，第一種是完整對話，就是雙方的聲音都會被記錄下來；第二種是單向對話，只會記錄某一方的對話內容，無法知道另一人說了些什麼；第三種是獨白對話，每個學生都會以獨白的方式去回顧整場對話。

正式實驗時邀請了二十四位大學生，請他們藉由電腦完成兩種需要注意力的任務，兩種類型的任務會輪流出現。在進行任務的同時會播放事先預錄好的對話，分為「完整對話」、「單向對話」、「獨白對話」、「無對話」四種情境，以八題為一個單位隨機搭配一種情境，來測試出哪一種對話形式最容易讓人們分心，導致注意力任務出現失誤。

如果就聽到的訊息量來看，只聽到一個人在講話的「單向對話」是比較少的，而完整對話聽到的是最多，畢竟是有兩個人在對話。因此若以訊息量多會造成較大的干擾來推論，完整對話的干擾應該會比較大才對。不過結果發現，大學生在「單向對話」情境時的表現明顯比較差，出錯的次數明顯多很多，為什麼會這樣呢？這是因為當我們可以聽到雙方的談話時，就能夠完整了解他們在講什麼，比較容易預測接下來的對話內容。相反的，單向對話使人們缺少可預測的訊息，以致於會不知不覺的投入更多的心力去猜想內容，就無法完全專注在手邊的任務上。在公開場合聽到別人講電話就類似「單向對話」的情況，因為不可預測的情境讓人更容易分心啊！

因此，如果需要在公開場合講電話時得多注意一下了，這種不像是兩人的現場對話，更會讓周遭的人分心，就好像意味著強迫其他人參與你們的對話一般。除了講電話會使人分心外，手機的鈴聲同樣也會分散別人的注意力，甚至影響學習。

實踐妙方：降低音量

智慧型手機已經成為現代人生活的一部分，如何善用工具不被過多的雜訊影響我們的專注是很值得省思的議題，以下幾個建議可以提升專注力，也可以成為避免干擾到別人的好公民：

一、適時將手機調整成靜音

當你在看電影、聽演講或是會議中，突然有人的手機大聲響起，你應該會覺得受到干擾，但不少人可能會覺得鈴響只有一下子應該沒關係，所以也沒特別在意。但事實上，這樣的狀況除了讓人感覺煩躁外，對學習也有實質上的影響，因為注意力被分散，導致學習的成效不如預期。所謂：「己所不欲，勿施於人」，手機靜音不但幫助大家專注於當下，也減少自己被白眼的機會喔！

二、降低說話音量

其實不只是講電話，只要在公開場合說話都應盡量小聲。很多人會因為跟朋友聊得太開心，不知不覺說話愈來愈大聲，都忘了旁邊還有許多人並不想聽到他們聊天呀！

這樣看來，人們的專注力似乎很脆弱，只要一通電話、一個鈴響就破壞了專注學習。不過其實也不用太擔心，人是有很奇妙的適應能力的，如果在一個大辦公室裡，同仁的手機常常響起，最初會感到厭煩，但是久了就會慢慢習慣，分心的程度也就降低了。但這不表示可以肆無忌憚的講話或使用手機，尤其是高度專注的任務時更要注意，像是開車、讀書、過馬路等情況，倘若分心了，隨之而來的不良後果可能會讓我們很難過的。

所以呢，請記得：需要專注的場合時，請盡量停止使用手機，讓自己跟別人都能夠有不被打擾的專注時刻。

克服心中的小惡魔

小美：「好想吃雞排啊，但吃了就減不了肥了！」

小明：「好想耍廢啊，但明天就要考試了！」

小美：「天啊，生活中的誘惑真是太多了，怎麼辦？」

你是不是也常陷入這樣的天人交戰中呢？事實上，我們每天都會面臨許多誘惑，如果要抗拒這些誘惑，我們需要有強大的「自制力」，也就是抑制內心衝動的能力。自制力對人們與社會來說非常重要，因為它可以幫助我們省錢、保持健康的生活方式、和平的解決激烈的爭論、以及達成自己的理想；相反的，若是缺少了這個能力，就有可能對自己與社會造成不利後果，例如：藥物濫用、犯罪、暴力等問題。

不過說來簡單，但是怎麼克服心中的小惡魔呢？相信大家一定有過一種經驗，就是當自己陷入這樣的兩難時，心中好像會出現一個小天使告訴你：「忍一下就過去了」、「加油，再堅持一下」、「不行，我應該起床了！」。許多人相信這種內心的聲音跟自我控制間有強大的連結，不過，若真如此，它是如何運作的呢？要怎麼跟自己對話才能有最好的效果呢？

實驗：內心聲音vs.自我控制

心理學家愛莉賽爾・杜利特（Alexa Tullett）想了解內心的聲音對自制力的影響，而她的作法是藉由阻隔內心的聲音，來看看人們的自我控制能力是否會變弱。研究者邀來三十七位參與者，他們需要藉由電腦來完成一個測驗，研究者告訴他們：「當螢幕上出現黃色方框時，就要按下按鈕，若看到紫色方框時，就不能按下按鈕」。同時所有人會被隨機分成語音組與空間組，語音組在進行測驗時，必須一直複誦同一個單詞，例如：「電腦」；空間組則是需要在進行測驗時，用自己的非慣用手劃圈圈。語音組因為一直在重複說話，因此就無法出現內在聲音，而空間組雖也會分心，但內在聲音還能運作。

這個測驗困難的地方在於黃色方框出現的機率高很多，這樣每個人按多了就會習慣要按鈕。但是當螢幕出現紫色方框時就不能按，所以就必須適時的克制自己不按下按鍵，這就是一種自我控制能力的展現。

結果發現，當語音組參與者不能運用內在的聲音去控制行為時，他們按錯或是錯過的比例都很高。研究者認為人們可以運用內在的聲音來提醒自己不要犯錯，一旦內在聲音也沒有辦法提醒時，舉止就會變得比較衝動，而無法有效的控制自己的行為。

你試過在心裡跟自己對話嗎？從這個研究知道，這樣的自言自語具有很重要的作用，訓練我們的自我控制能力，來抵抗生活中的各種誘惑。所以不妨在生活中保留一點時間讓自己跟自己對話，久了以後養成習慣，不只會更了解自己，也能夠更有自制力。

實踐妙方：提升自我控制力

我們要怎麼做才能保持高度的自我控制呢？以下提供幾點建議：

一、與自己對話

無論是疲累時告訴自己繼續堅持下去、還是半夜想吃一份炸雞排時，告訴自己別再吃了，亦或是快被別人激怒時，告訴自己不要爆發。當我們能夠習慣性傳遞訊息給自己，便能慢慢的訓練出高度的自制力，有意識的控制自己的行為。

二、擁有充足的睡眠

很多人可能都忽略了，睡眠對自制力的影響相當大。當處於缺乏足夠的睡眠（少於六小時）時，大腦的運作效率就會下降，這樣不僅使得自我控制能力不佳，連帶創造力與對抗壓力的能力也會減弱。人們常會說睡眠不足的人比較容易生氣，就是這個道理，因為缺乏睡眠就難以控制自己的情緒反應。因此，不要輕易熬夜，擁有充足的睡眠，才能為自己的目標長期奮戰。

三、培養運動的習慣

規律的運動也是一個提高自我控制力的好方法，有研究指出每個禮拜運動三次，自制力就有明顯的提升。不要再幫自己找藉口了，每個禮拜固定一兩天去慢跑，或是跟朋友打打籃球，甚至只是多走路，都是很好的方式，對自己的健康也有幫助呢！

想要提升自我控制能力，傾聽內在的聲音只是其中一種執行的方式，重點是我們是否能一次又一次的付諸行動，成功抵抗誘惑。若可以把握住上面幾個要點，那麼就可以讓自己更有效率的完成目標，掌控自己的生活囉！

為何進度總是不如預期？

小明：「天啊，書讀不完啦！」

小美：「我也是……」

小明：「明明這次就已經提早開始準備了。」

小美：「對呀！不知為何我只來得及讀完一半。」

小明：「難道我們真的太笨了嗎？」

期末考要到了，每個科目都有不同的進度需要準備，你會為自己制定一系列的讀書計畫嗎？執行的效率又是如何呢？不少人總在考前最後一刻，才發現自己的進度嚴重落後，只能臨時抱佛腳。若思索背後的原因，會發現拖延是一種普遍的現象，它除了使你無法按照計畫行事外，也可能使你的身心狀況變得不佳。

那麼，是什麼原因造成拖延呢？人們會拖延有時是因為分心，像是在完成任務的過程中，被其他更有趣的事務吸引，或者在遇到困難時立即放棄。例如：準備考試時會因為手機的通知而轉移注意力，或是無法抵擋瀏覽社交媒體、看電視的魅力；當然，也有可能是因為精神不濟而拖延，例如：因為課業繁重而長期睡眠不足，使得自己在讀書的過程中容易感到疲倦、難以專注，最終只能用極差的讀書效率來勉強交差了事。除了這些以外，還有一個可能是一開始就高估了自己執行任務的能力，例如：你認為就算明天才開始做事也有辦法完成，但實際做了才發現是做不到的。

這就是人們有可能是因為發生了規劃謬誤（Planning Fallacy）才會導致任務失敗。規劃謬誤是指人們傾向於低估自己做某事所需的時間、成本和風險，即使他們已經知道了完成任務需要哪些知識，但仍無法正確估計自己需要多少時間完成。

實驗：大家都會高估自己的能力？

心理學家羅傑・比勒（Roger Buehler）邀請三十七位大學生，請他們估計自己需要多少時間才能完成期末作業，同時也請他們假設在最不順利的情況下，自己需要多少天來完成作業。

結果發現，這些學生認為平均三十四天便可以完成作業，若在最糟的情況下，他們則認為四十九天左右可以完成。但有趣的是，他們實際上所需的時間竟然是五十六天，不僅幾乎是原來預計的兩倍時間，更超過最糟情況下所預計花費的時間。在所有學生當中，可以在自己預期時間內完成作業的人，只有三成左右，換句話說有七成的學生都高估了自己的能力，低估了自己所需要花的時間。

這個研究雖然是以大學生為主，不過代表的是多數人的狀況！縱使是工作經驗豐富的成年人，也都有可能出現規劃謬誤的問題。

實踐妙方：避免規劃謬誤

既然多數人都經歷過很多次的規劃謬誤，為什麼無法從錯誤中學習呢？以下提供三種簡單的方式，來避免規劃謬誤的心態：

一、**設定具體指標作為回饋，以了解完成的過程中出現什麼問題**

在開始新的任務前，可以試著有意識的記錄自己的時間，因為若有過往工作完成的時間與進度的歷史記錄，將有助於估計與規劃自己的時間，生產力也會跟著提高。

二、在計畫過程中，考慮完成任務的具體時間和地點

對於未來的目標，可以試著考慮更多的計畫細節，並且設定明確的時間與地點而加以完成。例如：你可能會想去學校的圖書館讀書，但由於現在是期末考前一週，其他同學可能也會想來圖書館，導致你需要花額外的時間找到一個不會分心的座位，同時，也最好預留一些處理意外狀況的時間。

三、使用適當的時間管理技巧，保持專注

找到適合自己的時間管理技巧，將有效提高工作效率，進而提升在期限內完成任務的可能性。「番茄鐘技巧法」可以幫助你在很短的時間內非常專心的工作。例如：設定二十分鐘的倒數鬧鐘，並告訴自己在這段時間要完全專注於手邊的任務，接著休息五至十分鐘後，再繼續讀書二十分鐘。當腦海中知道將有短暫的休息時間，來解決那些可能讓自己分心的事情後，更有助於保持當下的專注力。

感恩有助於對抗誘惑

小美：「你想要今天晚上吃一份炸雞排，還是等一個禮拜後去高級餐廳吃豪華大餐呢？」

小明：「當然是今天吃雞排啊！等一個禮拜我都要餓死了！」

小明：「那你呢？你會想先現在獲得一百元，還是等一個禮拜後獲得一百二十元？」

小美：「這個嘛，雖然等一個禮拜就可以多二十元，可是我現在就有想買的東西耶……」

相信你一定曾陷入這樣的掙扎中，現在可以獲得好處跟等一段時間後可以有更大的好處，要選哪個呢？有個很有名的心理學實驗，找了一群三～七歲的小孩子，給他們一顆棉花糖後說：「如果可以忍住十五分鐘不吃掉的話，你就可以獲得兩顆。」理性來說，當然是忍耐十五分鐘再多獲得一顆比較划算，但人們的本性似乎傾向獲得立即的獎賞，尤其是對於自制力不高的小孩更是如此。因此，若小孩子能夠忍住十五分鐘不吃棉花糖，就表示他的自我控制能力還算不錯。

長大以後棉花糖或餅乾顯然已經不適合作為獎賞物了，相信所有讀者都可

以輕易忍住十五分鐘。對成年人而言較好的選擇應該是金錢。如此一來，成人版的棉花糖實驗就會變成：「你希望現在就拿到一千元，還是二十天後拿到兩千元呢？」若以這個例子來說，相信絕大部分人都會選擇二十天後拿兩千元吧。但若是二十天後只能拿到一千零一元呢？或是二十年後才能拿到兩千元呢？很多人會想要現在就拿一千元了吧！

實驗：時間折價

雖然人們總是傾向得到立即性的獎勵，但還是有一些方法可以減少「時間折價」（Temporal Discounting）的影響，心理學家大衛・德斯蒂奧（David DeSteno）發現：「籠罩感恩之情的人更願意自制、等候未來能獲得更多的獎賞」。

什麼是「時間折價」呢？若我們將上述的問題列成這樣的句子：「你希

望現在拿到 X 元，還是 Z 天後拿到 Y 元呢？」當 Y 大於 X 愈多，人們選擇延遲拿到酬賞的機率會比較高，然而，Z 的因素也不可忽視，因為延遲的時間當然愈短愈好囉。心理學家將這個概念稱為「時間折價」，雖然過幾天後就可以拿到更多，但願不願意忍受中間的這段時間，還是要看 Y 與 Z 值的大小而定，所以不少研究者也會以時間折價的程度，來作為評量自我控制能力的指標之一。

研究者邀請七十五位大學生，並將他們分成三組：感恩組、正向情緒組、中性組。正向情緒組的用意，是因為感恩也會有正向的情緒，因此，若想要了解究竟是感恩，還是正向情緒的影響，這兩組就需要分離開來。研究者會要求參與者依照組別，回想過往曾發生過的感恩或正向情緒的事件，而中性組則是回想昨天發生什麼事。回想完之後再請他們進行一系列有關時間折價的抉擇，以了解這些人在不同情感籠罩下，其選擇是否會有差異。

結果發現：感恩組在時間折價作業中表現得明顯較好，而正向情緒組則與中性組並沒有差別，這表示會影響表現的因素，確實是感恩而非正向情緒。以三個月後可以獲得美金八十五元（約新臺幣兩千五百五十元）為前提，正向情緒與中性組只要立即可以拿到美金五十五元（約新臺幣一千六百五十元）就願意放棄，但是，感恩組則需要到美金六十三元（約新臺幣一千八百九十元）才會放棄。換句話說，籠罩感恩之情的人更願意自制、等候未來能獲得更多的獎賞。

實踐妙方：延遲滿足

事實上，重點不在於獎賞是什麼，而是我們該如何控制自己的欲望，以做出對自己最好的選擇。有時候我們可能為了滿足當下的自己，因而失去其他更好的機會。這研究告訴我們，感恩的情緒可以促進自我控制，透過簡單的感恩練習發現，我們可能會因此減少衝動性的購物、肥胖、吸煙、透支等各種問題。那麼有哪些方法可以幫助我們克制當下的衝動，以獲得更多未來的好處呢？以下有兩個重點：

一、不要悲傷，心懷感激

在做出涉及金錢選擇時，可以回想過去那些令人感激的時刻，避免讓自己感到悲傷。心理學家珍妮佛發現，在人們先觀看三分鐘有關死亡議題的電影後，悲傷的情緒會使他們在時間折價作業中表現更差。可能是因為悲傷的電影讓人們覺得生命是短暫，所謂：「人生苦短，不如把握當下」，更不願意花費時間與意志力等待可能不存在的未來酬賞。

二、告訴自己可以買，但下次再買

拒絕自己是件辛苦的事，如果逛街遇到一項很想買的東西，卻告訴自己不能買，難免會讓心情有點失落，但買了又可能會過度衝動亂花錢。這個時候不妨告訴自己說「可以買，但要等下次。如果下次看到時還是很喜歡，那就買。」如此一來就不用拒絕自己了，而是承諾自己可以買。也藉由延宕購買來確認自己是不是真的喜歡或是需要該項物品，以避免自己太過於衝動喔！

什麼樣的人讓人信任？

小美：「我有一個很重要的報告如期完成了，接下來要進行其他計畫。」

小明：「太好了，那我想要想跟你說一些事。」

小美：「是嗎？你怎麼了？」

小明：「我……我昨天跟隔壁班的琪琪告白……結果她不太理我……」

如果要投票選出一個人來幫自己爭取權益，你會想要選誰呢？如果你要跟別人組隊完成重要的作業，你覺得要找誰呢？你心底有個祕密，會想找誰分享呢？每個人難免會有一些無助的時刻，不管是生活、學業、人際上的挫折，在這個時候會想要找個人來訴說或商討時，腦海中就會浮現一些可能的人選。這種自然而然出現的「某個事情找某個人就對了」的想法，

其實就是我們對他人所表達的信任。

「信任」是與他人建立良好關係的重要元素，但想取得他人對自己的信任並非一件簡單的事，首先，我們得要了解建立信任感的三個重要元素：能力、善意、正直。比如生病去看醫生，就是因為相信醫生有足夠的醫學知

識與能力，所以聽從他的囑咐服藥、打針，同時也相信醫生是真心願意幫助你，不會說謊欺騙你。

若想要讓自己某方面的能力可以高人一等，以提升他人對自己的信任，可能需要耗費一番苦心。不過我們可以藉由培養自己的自我控制能力來達到這個目的，因為有研究發現：「人們對於高自我控制的人，有更多的信任感」。

實驗：自制力與信任感

荷蘭心理學家弗朗西斯卡・雷格蒂（Francesca Righetti）對意志力與信任感的關係進行了一系列的實驗。在第一個實驗中他找來四十位參與者，並分成「遇見高自制力組」跟「遇見低自制力組」。接著會請他們在紙上寫下自己上週發生的一些事情，並表示這些內容會與其他人交換閱讀。但實際上參與者實際所寫的內容並沒有與其他參與者交換，而是會看到事前就已經設計好的故事腳本。

遇見高自制力組的人會讀到以下這樣的內容：

「我的經濟出了一些問題，雖然沒有到負債這麼慘，但我確實需要開始為了未來的教育基金存錢。上禮拜三我在逛街的時候，進去了一間我很喜歡的唱片行，我在裡面看到很多很酷以及新發行的專輯，但我最後沒有買任何一張專輯。」

這表示他看到很多想買的東西，但有發揮自制力沒有買。而低自制力組的人所閱讀到的內容差不多，但最後一句內容會改成：「而且我最後買了很多新專輯。」讀完之後他們會回答一些關於自制力、信任度、好感度等的問題去評估對彼此的印象，例如：「我覺得對方是一個有自制力的人」、「對方是一個值得信任的人」、「對方是一個好人」。

結果發現，大家普遍認為那些最後沒有買新專輯的人有較高的自制力，對他們產生較高的信任感並相信有更大的影響力，可是兩組的好感程度並沒有差異。有趣的是，自制力對信任感的影響不僅止於陌生人之間，在親人之間也同樣扮演重要的角色。

為什麼具有自制力的人比較能獲得他人的信任呢？因為這表示他比較能夠控制好自己的行為，能夠定下目標，就順利完成。想想看，如果有一個人做事情拖拖拉拉超過時間沒做好，或者是約定時間後常遲到，你是不是也會覺得這個人不值得信任呢？所以不管在學校還是在工作的人際關係中，自制力愈高，愈能夠自我控制的人，就愈能得到伙伴的信任。

實驗妙方：記取經驗

如果我們想提升他人對自己的信任感，來改善自己的人際關係，可以先從培養自我控制的能力開始，那麼該如何提升自己的自我控制力呢？以下是一些簡單的方法：

一、記取成功的經驗

雖然我們常說「失敗為成功之母」、「從失敗中學習」、「記取過去的教訓」，不過牢記並回想成功的經驗也是很重要的。有研究表示，如果回憶太多失敗的經驗，就比較可能導致再一次的失敗。所以當我們想要抵擋誘惑時，可以試著回憶幾個自己過去成功克服的經驗，這樣會比較有助於發揮意志力喔！

二、為目標賦予意義

訓練意志力的過程很辛苦，但若我們能夠賦予它們更多的意義，就可以幫助我們更有效的完成目標。比如想學好英文，但是每天背英文單字、練習口語都覺得痛苦時，就可以進一步去思考學習英文背後的意義。例如：它可以幫助自己在未來爭取到更多機會，或者讓自己結交到不同文化背景的朋友，想到有這麼深刻的意涵，就比較能夠堅持下去了。

三、常懷感恩之情

不要覺得心懷感恩是單純在謝謝他人，其實這也對自己有很大的幫助。有研究發現，當心裡有感恩情懷時，更能夠忍受住無趣又冗長的工作，這也是一種意志力的表現。所以，下次有需要好好發揮意志力的場合時，可以回想一下家人或朋友對自己的照顧，心懷感恩時，就比較能夠發揮意志力喲！

啟動內心的能量

小明週末參加了一場路跑，跑了一大段的路後——

小明：「天啊！我覺得自己好像沒力氣了！肌肉開始感到痠痛、我要停下來休息了！」

小美：「加油！加油！你可以做到的，終點就在前面了。」

小明：「好吧！我再堅持一下下！就快到了！」

在日常生活中有很多事情都需要持之以恆，像是跑步、學習或者是鍛鍊身體，有些人就可以一直堅持下去，但也有些人容易做到一半就放棄了，這當中的差別是什麼呢？通常大家會認為這取決於人的意志力，也就是前面提到的自制力。許多人以為意志力單純是個人特質，不會受到外界影響，但事實上受外界影響的機會可大著呢！尤其是如果先前已經有發揮過好一段時間的意志力，那麼再接下來的作業中，往往會更難堅持下去喔！

實驗：意志力會消耗掉嗎？

這裡有個小實驗可以想像一下。假設你今天一整天吃得不多，飢腸轆轆的回到家，發現桌上放著可口的餅乾、巧克力，還有一盤生蘿蔔。但是你卻被規定只能吃生蘿蔔，不能吃其他可口的零食，而別人卻能大口大口的享受美味的甜食，在這種情況下會有什麼感覺？是否可以忍得住呢？忍住之後會不會有什麼影響？

有人曾經對大學生進行過類似的實驗，結果發現，雖然所有人都能成功抗拒美食的誘惑，但是真正的考驗卻還在後頭。接下來他們被帶到另一個房間，被要求解決一些問題，而這些問題其實是無法解決的，重點是要觀察他們會努力多久才放棄，這是用來考驗意志力的可靠指標，如果很快就放棄就表示意志力變差了，可以持續比較久的人當然就比較有意志力。結果發現，那些前面在美食誘惑需要發揮意志力克制食慾的人，平均只解題八分鐘就放棄了；而那些不需要克制的人卻可以花二十分鐘解題！

為什麼差那麼多呢？這表示他們為了抗拒甜食的誘惑，已經消耗掉了很多精力，發揮意志力是需要精力的，因此若精力已被消耗殆盡，就難以展現意志力持續解題了。

若是我們把這個問題放到生活中來看，會發生什麼事呢？每天上學都被課業與學習不斷轟炸，把自己的意志力都花在應付考試上了，所以就比較沒有額外精力去思考自己真正喜歡的科系是什麼；夫妻白天上班時把意志力都用在工作上，累了一整天回到家後，就再也沒有力氣對另一半討人厭的習慣視而不見，更沒有力氣去體貼包容對方，使得彼此常常為了一點小事就爭吵。這樣的後果是誰也不想見到的呀！

實踐妙方：補充內心能量

既然內心的能量會被消耗，那我們有辦法補充嗎？答案當然是有的，除了透過最基本的睡覺、休息之外，或許也可以試試以下三種方法：

一、**嘗試去做平常不習慣做的事情**

意志力就像肌肉一樣，透過不斷的練習便可以增強，例如：右撇子試著用左手去完成平常習慣的小動作，或者也可以改變自己的坐姿變得端正一些，不要隨便翹腳駝背等。做自己不是這麼喜歡或習慣的事情，都會需要意志力的幫忙，久而久之就會強化我們的意志力喲！

二、看喜愛的電視節目重播

紐約州立大學水牛城（Buffalo）分校的德里克（Jaye Derrick）博士做了一個實驗，希望來了解電視節目與意志力的關係。他發現，觀看重播節目有助於回復人們的意志力與情緒。這可能是因為我們在看重播節目時，就已經知道喜愛的角色會有何進展，甚至連下一句的臺詞都記得，因此並不需要耗費資源去思索與關注，可以盡情的投入與劇中角色的情境與互動，如此一來將有助於加快意志力的恢復。但是這並不代表一整晚攤在電視前就會有好處，臺灣多數人看電視都是拿著遙控器在電視機前頻頻轉臺，那可是不行的喔！

三、思考行為背後的目標

正因為意志力容易被消耗，所以我們要善用資源，將精力投入到對的事情上，時刻提醒自己的目標是什麼，就好像是進行一場與自己比賽的馬拉松，即使現在可能無法看到終點，但不要因為過程的辛苦，就輕易放棄、怠惰，持續將意志力發揮在對的事物上，只要持之以恆，目標就離你不遠了。

超有效的讀書記憶法

小明：「天啊！這次要背的英文單字好多喔！」
小美：「對啊，國文、歷史也有好多要記，怎麼記得完啊？」
小明：「真希望自己可以像隨身碟，什麼都記得下來。」

每個學期總有許多新知識要學習，該怎麼做才能學得比較好呢？除了學習之外，還有大大小小的考試，真是讓人壓力好大呀！許多人曾經因為太緊張而導致考試表現失常，或是要準備的科目太多，東西總是記不起來。這時不妨檢視一下自己過去的讀書方式，然後一起來了解更有效的記憶方法吧！

在聽老師上課時，除了專心聽講外，如果可以養成作筆記的習慣，就會記得更好喔！或許很多人會覺得用手寫筆記太麻煩了，用電腦打字或者是錄音還比較方便。可是，筆記並不是單純記錄老師講的東西而已，而是要理解過後再寫下來，透過書寫讓自己有更深刻的記憶。

實驗：筆記做法比一比

心理學家米勒（Pam Mueller）與歐本海默（Danny Oppenheimer）兩位教授想知道手寫筆記是不是真的有助於學習，於是找來一群大學生，有些是習慣用手寫筆記，有些則習慣用電腦打字作筆記。讓他們看了五個有趣但不常見的演講影片，並請他們用自己習慣的方法作筆記。看完後先讓他們做其他的作業來干擾，過了約三十分鐘後再看看他們對於演講內容還記得多少，一週後會請這批學生回來再看一次筆記，並再進行一次回憶測驗。

結果發現：雖然用電腦打字作筆記的人寫的東西比較多，但大部分都是講者的內容逐字打下來，並沒有經過自己的理解與組織。手寫筆記的人雖然寫的字數比較少，但記憶跟另一組一樣好，而且在關於主題的概念應用上，手寫筆記的人明顯做得比電腦打字的人還好。等過了一個禮拜後再回來測驗，也發現手寫筆記的人表現得仍然比較好，由此可以證明筆記內容是「重質不重量」。所以上課時，如果能在聽老師講解完重要概念後，再以自己的話簡單扼要地寫下來，那麼學習的效果就會很好。

不過，每到段考前總是會有很多念不完的書，在需要記誦的內容上，最常用的方式就是死背。不斷的重複念或寫，念到後來都不知道念的是什麼了。但即使重複了好幾次，當考卷上出現時還是有可能會想不起來，甚至考試結束後就幾乎忘光了。這是為什麼呢？一部分原因是面臨壓力的關係，在壓力很大的情況下，學習會變得比較差。但每次考試前都是有壓力的啊，那不就注定學不好？沒關係，有研究者發現只要透過合適的學習方式，就可以克服壓力的問題了。

實踐妙方：事半功倍的讀書方法

什麼是比較好的學習方式呢？我們已經知道不斷地「重複學習」並不是一個好的記憶方式，那麼我們應該怎麼做比較好呢？以下提供三個方法：

一、適時停下來考考自己

若是在我們學了一個段落後，就停下來問自己一些問題並回想答案，會記得比較牢喔！比方說在讀一段課本內容後就先蓋起來，在不要看答案的情況下問自己：剛剛有讀到哪些內容呢？那些分別是講了什麼呢？如此不斷重複的測驗，給自己回想答案的機會，如此一來，這些內容被記在腦子裡的機會將大很多喲！

二、試著將內容講解給別人聽

在學習結束後，若可以找一兩個同學練習講解，就好像自己是小老師一樣，將自己學到的概念說出來，也會很有幫助喔！因為講解給他人聽的時候會需要更多的邏輯思考，也會給自己多一點的壓力去理解知識的內容，進而幫助自己記憶。另外，也可以嘗試在課堂上多問問題，將自己的想法表達出來。

三、保持運動習慣

運動不僅可以減肥，還可以保持身體的健康，而重量訓練除了能雕塑身材外，還可以提升記憶力呢！比如，你可以利用上午的時間將考試的內容讀到一個段落，然後在家或去健身房進行重訓約二十分鐘，這樣對我們的記憶也會有顯著提升喔！

有句話說：「工欲善其事，必先利其器」，其實不只是工具，學習也是一樣，有了合適的學習方法，念起書來就可以事半功倍！下次考試前不妨將上述幾種方法拿來應用一下，將會發現學習原來沒有那麼困難了。

頂尖運動員的祕密

小明：「每次看奧運都覺得這些運動員好厲害！」

小美：「對啊，他們就好像擁有超能力一樣，怎麼做到的啊！」

小明：「他們應該都要經歷很長的訓練，而且一定很辛苦，真不知道是怎麼熬過來的。」

那些參加奧林匹克的世界級運動員，就好像現實生活中的神力女超人和美國隊長，不但要有異於常人的體能，更要有超強的毅力與恆心才能完成地獄般的訓練。很多人都會很好奇，究竟是什麼原因使他們堅持下來，甚至打敗各路好手成為冠軍呢？根據研究顯示：「成為超級冠軍的關鍵，在於他們用什麼心態去面對和克服障礙」。

在尋求巔峰的道路上，有人認為道路應該去除一切障礙，而另一些人則認為，挑戰才是讓自己變得更強的重要因素。然而，我們有沒有可能找到一套辦法或原則可以依循，幫助我們達到成功的目標呢？

實驗：成為頂尖者的關鍵

心理學家戴夫・柯林斯（Dave Collins）教授似乎找到了解答，他發現那些致力於達到頂尖的人，有著普遍的心理特徵，更能幫助他們達到高峰表現。

柯林斯教授邀請五十四位來自四個不同性質的運動員，分別為團體（足球、橄欖球）、個人（滑雪、射擊）、競速（划船、田徑）、戰鬥（拳擊、柔道）。實驗主要是以訪問進行，為的是了解運動員的職業軌跡，他們需要描繪自己在運動生涯中的高低峰，並標記下其中的重大事件與挫折；同時，研究者會以文字記錄訪談內容，並抽絲剝繭運動員的每一個經歷，像是他們遇到障礙時的反應，以及對於「運動」、「教練」、「家庭」等各方面的互動與承諾，目的是希望能夠找到可以切割「頂尖」運動員與「優秀」運動員的關鍵因素。

結果發現，這些運動員在職業生涯中所遇到挑戰幾乎相同，所有人都曾經歷過相當大的創傷事件，其中唯一的差別在於頂尖運動員會以「從中學習」的態度去面對這些障礙。頂尖的運動員在回答問題的過程中，通常會強烈表達自己的動機和承諾，像是：「我真的很喜歡做運動，沒有什麼比學校體育課更讓我感興趣的」。而且他們對於挑戰的反應幾乎都很積極，會以「永不滿足」的態度在面對訓練，例如：「如果我在某個領域沒有進步或沒有改善，我會感到沮喪。所以無論什麼活動，我總是想下一步該怎麼做」。同時，頂尖運動員在受傷或失敗時，通常都會下定決心恢復體能，然後變得比以往更強大，但一般運動員卻往往對失敗感到驚訝，甚至還可能對運動失去熱情。

這個研究告訴我們，挑戰是成功的一部分，但光只有挑戰是不夠的，一個有理想抱負的運動員，若想要成為頂尖的冠軍，擁有正向積極的態度是關鍵，在失敗與困難中學習並堅持，才能夠讓自己脫穎而出。

實踐妙方：善用音樂與冥思

雖然說態度很重要，但若只是不斷告訴自己要堅持，總還是會有累的時候，有沒有什麼辦法可以輔助自己去克服挫折與困難呢？以下提供兩個方向：

一、邊聽音樂邊運動

布魯內爾大學的運動心理學博士科斯塔斯・卡拉格奧吉斯（Costas Karageorghis）發現，聆聽精心挑選過的音樂可以顯著增加身體耐力，並使心血管運動更加活躍。若我們運動時可以遵守音樂節拍，讓自己沉浸在運動中，降低疲累感，尤其音樂節奏在120～140 BPM 時有最好的效果，不但提高百分之十五的耐力，也讓我們在運動中獲得更多的樂趣。不過值得注意的是，當音樂節奏超過 140 BPM 後，表現有愈來愈差的趨勢，可見音樂的節奏不是愈快愈好。

二、意象訓練

透過冥想，也可以幫助自己有更好的運動表現，就好像腦海中的你正在準備比賽，站在賽道或是舞臺中央，以第三人的視角觀察自己正在運動的樣子。這不但有助於模擬比賽時的狀態，也能提前調整自己的情緒，例如：緊張、興奮，或是專注力等等，使實際的運動表現變得更好。

想要讓自己某一項技能變得很頂尖，扎實的訓練不可少，同時藉由心態的調整以及有效的方法，可以幫助我們克服當中的困難與挑戰。下次在運動的過程中，不妨試著挑選適合的歌單，分散運動所帶來的疲勞感，並且在累的時候鼓勵自己要堅持下去，相信慢慢就會感受到自己的進步囉！

保持動力的訣竅

小明：「明天就要上臺演講了，我好緊張喔！」

小美：「沒問題，你可以的！」

小明：「真的嗎？我可以順利完成嗎？」

小美：「告訴自己，你一定可以的。」

小明：「好！我可以的！加油！」

生活當中總是會有許多挑戰與目標，在完成的過程當中必須面臨種種阻礙與挫折。此時最重要的是要讓自己維持動力，有的人會透過信心喊話的方式，讓自己不會因為困難或畏懼而不再努力。這種「自我對話」的方式確實能夠幫自己做好心理準備與激勵。不過，對自己信心喊話是最有幫助的嗎？用什麼方式對自己說話，才能有效幫助自己完成目標呢？有個心理學研究發現：「透過反問自己問題，人們可以將事情做得更好！」

實驗：反問自己更有效？

心理學家多洛雷斯・阿爾瓦拉辛（Dolores Albarracin）的團隊邀請

五十三名大學生，請他們進行解字謎的任務。有趣的是在任務進行之前，研究者會將所有人隨機分成兩組，請他們花一分鐘時間做自我對話。「疑問句組」會問自己「我是否會盡力完成猜字謎任務？」；而「肯定句組」則會告訴自己「我將會盡力完成猜字謎任務！」

結果竟發現，「疑問句組」明顯比「肯定句組」解出更多新的單字，這跟想像的不一樣呢，原來對自己信心喊話的效果不是最好的。但是，有沒有可能剛好疑問句組的人比較厲害？或是有人在那一分鐘剛好在放空呢？為了探究疑問式自我對話的效果，研究者進行第二個實驗。

不同於第一個實驗讓大學生自己與自己對話，這次要他們用寫的。研究團隊找來五十位大學生，請他們重複寫下相同的句子二十次，疑問句組要寫「我會去做嗎」，肯定句組則寫下「我會去做」，接著同樣進行解字謎的任務。結果發現，疑問句組的答對率依然比肯定句組高，看來不只用說的有效，即使是用寫的來進行自我對話，同樣可以提高完成的動力。

疑問式自我對話不僅表現得更好，參與者的內在動機也增加了，這可能是自我對話影響了人們對情境的思考方式。例如：當你問自己「我會去做嗎？」內心不自主會回答「會的」，而這個回答會比較是發自心底的而不是被要求照念。這個研究讓我們進一步了解語言如何改變我們的行為，而疑問式的自我對話方式，使人們更有效的激勵自己並產生動力。所以，下次在執行特定任務時，不妨試著先向自己提出問題，你可能會因此更有動力去實現目標喔！

除了自我激勵外，我們似乎也很常將外在獎勵作為自己的動力來源，例如：小強為了獲得一臺平板電腦，而拚命考進全班前三名。但這種很明確的目標獎勵，對於動力的幫助可能不是最有效的。

實踐妙方：善用激勵

以下提供幾個激勵的方法，不妨試試看哪一種激勵方式更適合自己或鼓勵他人：

一、給予不確定的禮物

社會心理學家艾耶勒・菲施巴赫（Ayelet Fishbach）發現，不確定的獎勵反而讓人們更容易產生動力，因為未知的獎勵對人們來說就像是拆禮物，在還沒拆之前並不知道裡頭是什麼，拆禮物的過程就是一種正向體驗。回想一下，以往是不是在拆禮物的過程就已很開心、很興奮了呢？可見得不明確的獎勵，會讓整個過程更像是一個遊戲，而不是一個單調的任務而已。

二、注重完成的過程而不是結果

雖然有好的結果跟獎勵是好事，不過如果太過於著重在結果的話，反而會讓人對學習或進行任何事物失去興趣。因為做任何事總是會有不順利、失敗的時候，當結果不如意時就容易失去信心，以致於下次就不想再嘗試了。所以要多多注重學習或完成事物的過程，去發現過程中自己有什麼樣的體會與成長，如此一來，不管最後是成功或失敗，都會在過程中察覺到自己有許多正向的成長。

三、創造自己的心流

心流是指我們在做某些事情時，感到全神貫注、投入忘我的狀態。當所執行的任務具有挑戰性，且能匹配你的能力，便能幫助自己進入心流的狀態，創造高度的學習或工作效率。每個人都是喜歡成長而不喜歡退步的，當你發現執行任務的過程，能夠給予自己成長空間時，便能感到喜悅，動力自然也源源不絕的產生囉！

了解自己的生理時鐘

小美：「小明，你還好嗎？怎麼今天又遲到了？」
小明：「沒辦法，早上就是起不來，不小心賴床了。」
小美：「那昨晚怎麼沒有早一點睡呢？」
小明：「這我也很困擾，雖然知道我好像該睡了，但就是沒有睡意。」
小美：「那該怎麼辦比較好呢？」

你是不是也曾經出現過這樣的情況呢？其實，這跟生理時鐘有很大的關係！

首先，請試著想像如果今天沒有鬧鐘、手錶的提醒，我們的身體要怎麼知道何時該吃飯、睡覺呢？還有，看不懂時鐘的動物、植物們，又是如何知道自己何時應該冬眠，或是開花結果？沒錯，為了要因應外界環境的變化，生物本身就需要計時，好讓身體知道什麼時候做什麼事是最恰當的。就算沒有了計時裝置的提醒，生理時鐘也會控制飲食、睡眠，連我們心跳與情緒也都會隨著它有所改變，因此它是非常重要的！

實驗1：含羞草研究

那麼生理時鐘是怎麼被發現的呢？這就要從一株含羞草的故事講起了。一七二九年，法國天文學者德麥蘭（Jean Jacques Ortous de Mairan）發現他種的含羞草在白天的時候葉片會展開，到了晚上就自動閉合起來。為什麼會這樣呢？他猜想這是因為有陽光照射的關係，才會有葉片展開與閉合的現象。於是德麥蘭開始進行實驗，把含羞草放入黑暗的櫥櫃中，看看一整天都沒照到光會有什麼反應。結果發現就算在沒有陽光的情況下，含羞草依然會在同樣的時間打開與閉合葉片，這表示本身有像時鐘一樣的計時功能，才能在固定的時間啟動特定的行為。後來有愈來愈多的科學家對它感到興趣，開始做了一系列的實驗，而其中最有趣的應該就是住進洞穴裡研究了！

實驗2：洞穴裡的科學家

克萊特門（Nathaniel Kleitman）為了研究人在一天中生理時鐘的變化，在一九三八年跟他的研究助理，一同住進美國猛獁洞國家公園深達四百公尺的洞穴裡，時間長達一個月。在洞穴中看不到日夜的變化，溫度都差不多一樣，也不攜帶時鐘之類的物品，讓自己無法從外界獲得時間線索，以便觀察自己的身體跟精神是不是也會有規律的二十四小時變化。透過體溫的測量以及評估自己的精神，結果發現他的體溫確實也會有規律性的變化，而且也發現，他精神最好的時刻，也差不多是體溫最高的時刻，這就表示人類確實也有生理時鐘的機制，讓身體在固定的時間有特定的表現。

那麼這個時鐘是不是每個人都是同步的呢？並不是喲！例如：有的人在早上就是無法起床，晚上總要很晚才睡得著，因為每個人的生理時鐘並不是完全一樣的，有人比較早、有人比較晚，而且在不同年齡層也會有些差異。

正處於青春期的國高中生，會比一般人還要晚一點，換句話說會變得比較晚睡晚起，就好像有時差一樣，明明是在應該清醒的時間，卻還是覺得想睡，該睡了卻還是睡不著，這現象等到成年後就會恢復正常了。很多人都以為這是因為青少年愛拖延、沒能盡早把作業完成才會老是晚睡，其實就算沒有作業，處於青春期的學生也都比較晚睡晚起，這是生理時鐘運作的特性。一般來說青少年最好的睡眠時數，大約是九個小時左右，但是受到學校課業、生活習慣、社會規範的影響，很多學生無法得到充足的睡眠，或是沒有規律的作息，就可能會因為生理時鐘的錯亂而產生精神、健康方面的問題。

實踐妙方：發揮生理時鐘的功能

那麼我們該如何配合這個生理時鐘，讓自己可以表現得更好，或是維持良好的生活作息呢？以下提供幾個方法：

一、區分任務性質

若是簡單的分析任務，表現的能力會跟隨體溫的變化，也就是會從早上開始變好，下午時最佳，然後慢慢的變差。但是需要花費較多時間思考的任務，就會有不同的模式，並不見得一定會跟著體溫變化。因此，以後就可以把那些我們覺得比較簡單的作業，盡量在早晨或是傍晚前完成，效率會最好；而那些比較難的作業，像是解答算術題，就可以在下午一點到三點間進行喔！

二、觀察自己的作息

每個人一天當中表現最好的時候不一定相同，會受到年齡、生活習慣、練習程度等等的影響，所以我們可以記錄自己的活動時間與精神狀況，作為每天行程規劃的參考，同時也可以有意識的調整自己的生活作息，隨時提醒自己注意何時該去休息，或是認真讀書。

三、**維持規律的作息**

如果因為學校的課業，而無法有九小時的睡眠，那麼就要盡量使自己的作息時間規律，比如在固定的時間起床和上床睡覺，不要常熬夜。若是在假日睡到很晚才起床，這都有可能讓你的生理時鐘亂掉，會影響到你的精神狀況喔！

了解自己身體的規律變化，就能做事更有效率哦！希望大家以後都可以擁有健康的身體，而且每天都精神充沛！

為什麼總覺得沒時間？

小美：「你要去吃飯了嗎？」
小明：「等一下，我現在很忙。」
小美：「可是你已經寫一上午的作業了耶！」
小明：「不然你先去吃好了，我就快寫完了！」

「等一下再吃飯，我現在很忙」、「我還有一個報告要趕，這次的聚會就先不去了」、「這週末要考試，今天的鋼琴課先取消好了，把書讀完要緊」。

不少人常會因為要準備考試或重要工作，而沒有時間去運動，或是因為電視劇太精采，好看到連飯都忘了吃，甚至有人工作一直很忙碌而拒絕友人的邀約。但又常聽人說一句話：「時間擠一下總是會有的。」人們常說沒時間是真的沒有時間，還是只是「感覺」自己沒有時間呢？其實有研究發現是後者呢，因為當人們快要完成任務或達成目標時，他們會感覺自己比較不願意被其他事情中斷。

實驗：機場裡的時間感

美國俄克拉荷馬州立大學教授姜智勳（Ji Hoon Jhang）與他的團隊在機場做了一項關於時間感的研究，他請助手分別在接駁車候車區、機場航廈、登機門等位置，隨機找旅客進行訪談，而這三個位置也分別代表不同的時間狀態。實驗期間助手共接觸了六百名旅客。助手會邀請旅客進行約一分鐘的訪問，若旅客願意的話，他們將回答以下內容：你現在有多少空閒時間？在過去的五分鐘內，你腦海中所浮現的目標為何？例如：趕上接駁車、前往登機門、到達目的地後將參與的活動、下週的待辦事項等，同時，助手也會確認旅客航班的起飛與抵達時間。

結果發現：百分之四十一在接駁車候車區的旅客拒絕了訪談；百分之三十三在機場航廈旅客拒絕了訪談；但只有百分之十二在登機門的旅客拒絕了訪談，同時，在接駁車候車區的旅客覺得自己的空閒時間，少於那些在登機門的旅客。但實際上在接駁車候車區的旅客，距離飛機起飛的時間還非常充裕，換句話說，接駁車候車區的旅客明明就還擁有很多時間，卻覺得自己沒有空閒，也比較沒有耐心接受訪談。為什麼會有這樣的結果呢？

一個可能性是：當旅客在接駁車候車區時，雖然距離真正目標——登機還有將近兩小時，但階段目標——接駁車將於兩分鐘後就會來，這是當下很明確且很快就要實現的目標，這時他們便會比較不願意被外界的事物中斷，因此覺得時間很有限。而在登機門的旅客已經在候機，距離飛機起飛還剩一個小時左右，雖然距離登機時間較短，但因為他們接下來已沒有要完成的目標，所以心情比較不急躁也比較願意受訪。另外，研究者也在其他實驗中發現，當人們就快要完成階段性目標時，他們願意花費更多的時間和金錢成本，以避免任務被中斷。

從這個研究可知，當人們覺得目標快完成時，就會覺得時間好像很緊迫而較不願意被中斷，但並不是因為時間真的很緊迫的關係。這對我們的生活有什麼影響呢？生活中可能只想著眼前的任務，而拒絕邀約或拖延其他有價值的活動，來避免任務被中斷。但事實上只想著當下任務有可能使其他的重要事物都沒機會去進行，因為你總會忙於處理快要完成的瑣碎事情。但久了以後就會知道，不管是何時都會有多件的待辦事項，如果都只想著當前這件，那很有可能會因為不想被中斷，而再次使用忙碌的藉口來拒絕那些可能對自己有助益的活動。

實踐妙方：時間管理

時間管理是一個重要的課題，好的時間管理可幫助我們做事更有效率，心情也會變得比較放鬆。所以我們可以利用人對時間的心理感受，來設計出對自己有幫助的時間管理方法。以下提供兩個建議：

一、將自己的整體目標訂出階段性目標

每件事情都有利有弊，雖然沉浸於完成立即性任務，可能會使我們拒絕邀約或拖延其他有價值的活動，但是，我們也可以利用這一點幫助自己完成長遠目標。正因為我們靠近階段性目標時會不想被中斷，所以說，若能將目標拆解成小任務，我們就比容易沉浸在快要完成目標的感覺，而比較願意持續下去，然後一步步達成長遠的目標。

二、提醒自己充分利用有限的時間

美國心理學家寇爾茨（Jaime L. Kurtz）發現，當學生被提醒即將畢業，他們會更願意利用自己還在學校的時間盡可能參加活動。因此，若我們能夠適時提醒自己剩餘的時間有限，便能幫助我們達到珍惜並想充分地利用時間的效果。你可以透過制訂一份時程表，將你所想要完成的事務與期限標記起來，並將時程表放置在醒目處，以提醒自己完成目標所剩餘的時間，督促自己去完成。

說謊總在中午後？

小明：「哇，桌上有一盒巧克力耶！」
小美：「對啊，看起來好好吃！」
小明：「下午肚子好餓喔，偷拿一顆應該不會有人知道吧？」
小美：「不行啦，這是不對行為！」
小明：「好吧，你說得對，剛剛是我一時糊塗了。」

你覺得自己是一個誠實的人嗎？你認為自己的誠實會隨著一天的時間變

化而產生改變嗎？我們總相信自己會不會撒謊應該是由事情、對象本身來決定，跟時間應該沒有什麼關係，但事情可能不只是這麼簡單喔！有研究發現：「一個人在下午比上午更容易做出不道德的行為」。

實驗：晨間道德效應

心理學家瑪爾婭姆・柯查基（Maryam Kouchaki）是研究撒謊、偷竊和欺騙等不道德行為的專家，她想要知道什麼樣的原因會提高人們做出不道德行為機率。我們知道維持良好的道德標準需要有高度的自我控制，然而自我控制會需要足夠的精力來維持，卻可能因缺

乏休息或是情緒而耗盡，而研究者便希望透過這個實驗，了解人們在經過一天的活動之後，他們不誠實的行為是否會因此增加。

研究者邀請六十二位參與者，將他們隨機分成上午組與下午組，然後請他們在對應的時間進行任務。

任務一開始，螢幕的左右兩側會顯示不同數量的圓點，同時，右側的螢幕會顯示一百元，左側螢幕則是十元，參與者需要識別哪一側顯示較多數量的圓點。有趣的是，研究者並非依照正確率給予獎勵，而是根據他們點擊那一側來給予對應的金錢。如果，右側有較多圓點，而參與者選擇右側，那回答的就是正確答案，並且能獲得比較多的金錢，這種情況下，選擇正確答案就是最有利的。反過來說，如果左側有較多圓點，但參與者為了得到一百元，會故意選擇右側，所以此時答錯反而能獲得最大的利益。換言之，若參與者不管顯示的圓點數量多寡，每次都選擇右側螢幕，就能將獎勵極大化，故而增加參與者說謊（不道德行為）的機會。

實驗結果發現，下午組說謊的機率竟明顯高於上午組，研究人員將這種現像稱為「晨間道德效應」（Morning Morality Effect），意即人們傾向在上午對自己有更高的道德要求。另外，研究者也在實驗的過程中，藉由填空單詞來測試參與者的道德意識，例如：「_ _ral」、「E_ _ _c_ _」，上午組的參與者更容易聯想到「道德」（moral）和「合乎道德的」（ethical），而下午組的參與者則會聯想到「珊瑚」（coral）和「效果」（effects）。也就是說上午時確實比較容易想到道德相關的字，連帶也比較有自制力，比較少做出不道德的行為。但下午就不是這樣了，這結果也進一步支持晨間道德效應。

為什麼會有這種晨間道德效應呢？一個可能性是因為日常活動消耗了人們的精力，在精力被消耗掉時遇到誘惑，就會缺乏資源支持自己內心的小天使去對抗，因此就比較難抑制自己說謊或做出其他不道德的行為。相反的，如果是剛睡醒精力充足的狀態，有好的精神就會幫助我們對抗誘惑以達成目標。這可能也是為什麼公司開會喜歡在早上進行，趁大家頭腦清醒時討論重要議題，不但效率高，也更能得到真實的建議；又或許這也是為什麼大家喜歡在喝下午茶時聊別人的八卦，因為「不要說人閒話」的道德壓力，隨著一天時間的過去而減弱了，所以更容易說出自己所知道的祕密。

實踐妙方：在對的時間做對的事

若想要有效的避免誘惑或是防止他人做出不道德的行為，我們就得在對的時間做出對的事情，並隨時關心自己的精神狀況。那要怎麼做才能有效約束自己的行為呢？提供幾點建議：

一、盡量在早上討論重要的事

因為多數人上午的精神通常比較好，心態也相對較開放，若在這段時間提出要求或進行討論，彼此能更公平的思考；若等到下午，大家可能都累了，也就無法仔細考慮，所做的決定可能也趨於保守。

二、多留意自己的生活作息規律

晨間道德效應並非通則，因為人們的生理時鐘控制著人們各種生理和心理功能，例如：體溫、激素、睡眠等等，所以大家感到最有精力、最疲憊的時段不同。平時可以多留心觀察自己一整天的作息與精神狀況，以便發揮晨間道德效應的影響力。

預見未來讓自己過更好

小明：「我昨天做了一個夢，夢到我變成老爺爺。」
小美：「真的呀！那你還記得你那時的樣子嗎？」
小明：「有點沒印象了，但我好像生活很困苦，在街頭流浪。」
小美：「沒事，沒事，夢境總是跟現實相反。」
小明：「是啊，但這提醒我現在要多存一點錢，為未來的我做準備！」

有沒有想過，如果有一天發明了時光機，穿梭時光到了未來，遇見了未來的自己後再回到現代，你覺得自己的生活對未來會有什麼改變嗎？我們總是覺得未來還很遙遠，在不知不覺間會忽視現在生活對未來的重要性，直到自己真的變老後才悔不當初，出現「少壯不努力，老大徒傷悲」的感慨。為了避免這樣，我們其實可以有辦法喚起自己對未來的重視。有研究發現：「只要遇見年老後的自己，我們會更願意為自己的退休生活做儲蓄。」

實驗：「看到未來」的神奇力量

心理學家浩爾・赫斯菲德（Hal Hershfield）好奇當人們看到變老的自己後，行為或想法會因此有任何改變嗎？雖然時光穿越的夢想目前還無法實現，但我們卻能利用現有的技術達到類似的效果。研究者利用虛擬實境的技術（Virtual Reality）捕捉人們的臉部特徵，並將其化為虛擬人物，讓人們有機會看見未來自己的模樣。研究者邀請五十位平均年齡約二十歲的參與者，並隨機將他們分成「現在組」與「未來組」，現在組的人會看到與現在自己相似的虛擬人物，而未來組則會看到自己七十歲模樣的虛擬人物。

參與者藉由虛擬實境裝置進入一個虛擬空間，裡面有一面鏡子可以看見虛擬的自己。研究者為了增強參與者與化身的連結感，要求他們必須花一分鐘的時間，以不同角度觀察自己在鏡子裡的樣子，並請參與者看著虛擬人像回答一些問題，例如：「你從哪裡來？」、「你熱愛什麼事情？」等。

結束虛擬實境的環節後，每個人都將進行一項資金分配的任務，他們必須想像自己如果收到一千美元（約新臺幣三萬元）的話，會打算將資金分配給以下四個選項：「買個好東西給特定的人」、「投資自己的退休基金」、「計畫一個好玩又豪華的活動」、「把錢存入支票帳戶」。另外，參與者也會填寫一份有關情緒的問卷，評估他們正向與負向情緒的程度，正向情緒包括成就、滿足、快樂等；負向情緒包括憤怒、焦慮、恐懼等。

結果發現，「未來組」投資在自己的退休基金的額度竟是「現在組」的兩倍之多，也就是說他們比較可以忍住現在不花錢，存起來等老了以後使用。為什麼會這樣呢？研究者認為當人們能夠跟未來的自己感覺更加緊密，現在的自己會更願意做一些事情來幫助他。人們總有一天會變老，但「知道」和「體認」是兩回事，現在的我們總是認為未來還很遙遠，因此將大量的心力放在當下發生的事物上，甚至認為「現在」的價值大於「未來」。

實踐妙方：營造現在，創造未來

事實上，未來的生活應該從現在就開始營造，除了累積退休後的儲蓄外，人際關係、健康狀況也都是需要關注的議題。那麼，有哪些方法可以幫助自己為未來做出一些真正的改變呢？以下提供三點建議：

一、預見未來自己的樣子

除了虛擬實境的方式，也想像自己未來的生活會是什麼樣子。當自己滿頭白髮、滿臉皺紋時，可以想像自己老後的生活將是什麼樣子嗎？若想達到理想的未來生活，現在的自己又需要做哪些努力呢？當我們對自己的未來更有感觸，便會更願意為自己做長期的規劃，創造美好的未來。

二、強化與未來自我的連結

增加與未來自我的連結，可以幫助人們做更多的運動。什麼是與未來的自我做連結呢？最簡單的做法就是寫一封給二十年後的自己，思考你在二十年後會是什麼樣子？在這二十年中會最在意哪些事情？你如何看待這二十年的生活等等。比起關注當下的人，與未來自我連結強的人，運動量可是多了一點四倍呢，因為要讓未來的自己健健康康的呀！

三、心懷感恩之情

很多人可能會因為無法看到立即的改變，覺得未來很遙遠，因而忽略甚至不重視未來，自然也不會有積極行為做出改變。這時，我們可以試著讓自己能夠心懷感恩之情，例如：有意識的關注讓自己感恩的事物，因為善於感恩的人更願意自制、等候未來能獲得更多的獎賞。

食物的療癒魔力

小美：「我今天要好好大吃一頓！」

小明：「為什麼？你今天發生什麼事了嗎？」

小美：「最近事情一堆，搞得我好煩躁，所以我要吃東西發洩壓力。」

小明：「確實，有些食物總讓人感到很療癒，那你想吃什麼呢？」

小美：「我現在好想吃小時候巷口賣的那家豆花喔，真懷念！」

究竟食物有著什麼神奇的魔力，可以滿足人們的身心靈呢？除了食物本身真的好吃以外，是否還有其他魔力呢？其實，食物所散發的氣味也很容易勾起人的懷舊回憶呢！當我們聞到某種熟悉的味道，它會喚醒曾經存在過的昔日回憶，而且通常那些記憶都是比較開心的片段，例如：熱狗可能會勾起去遊樂園或是逛夜市的經驗、爆米花會想起在電影院看電影的感覺等等。

比起食物喚醒記憶本身，更重要的是它在某種程度上，會讓我們的心情變得更好。那些讓心靈上具有某種程度療癒作用的食物，吃下時會充滿幸福感。它或許與自己的兒時記憶與成長背景經驗有關，且依習俗民情不同，各國代表性的食物也五花八門，通常為甜點、炸物，或是媽媽煮的家常菜。這種與昔日回憶、療癒有關的食物，應該就是每個人心裡都有的「媽媽的味道」！

實驗：何時需要療癒食物？

心理學家喬登・特洛伊西（Jordan Troisi）與他的團隊，在二〇一五年做了一個關於療癒食物的研究，目的是想知道什麼人在什麼情況下會最需要療癒食物。研究者在第一個實驗邀請七十七個來自不同國家的大學生，他們會先做一個關於人際關係型態的測驗，共分成安全型、焦慮型、逃避型、畏懼型等四種類型，然後隨機分成危機組與一般組，危機組被要求回想自己與最親近的人發生爭吵時的情景，然後詳細描述當時的情況與心情；一般組則是被要求在五分鐘內列下住所中的物品清單。同時，研究者依照過往學術經驗，將洋芋片作為本次實驗的療癒食物，因此，在完成任務後，研究者會給予每個同學一份洋芋片，請他們依照享受程度、美味程度、開心程度評分。

結果發現，被分類為安全型的同學，也就是對自己及他人都有較正向的看法，認為自己是有價值、被愛的那群人，在經過危機組的任務後，對於洋芋片明顯有較高的評價。這代表有正面關係的人，在自己遇到危機壓力，或是感到孤獨沒有歸屬感的時候，會較偏好從療癒食物中獲得安慰。

不過，或許有人會覺得未必大家都認為洋芋片是療癒食物啊，每個人對食物的感覺又不一定相同！沒錯，正因為如此，研究者重新邀請了八十五位大學生，同樣先進行人際關係型態的測驗，然而，這次的大學生接下來的十四天都要在傍晚寫日記，內容除了評估孤獨情緒的程度外，也要記錄自己的飲食狀況，並回答「我今天是否吃了自己所認為的療癒食物」，透過日常生活的紀錄，來觀察孤獨情緒與吃療癒食物的關聯。有趣的是，結果與第一個實驗相似，那些較正向的參與者，在自己平常感到孤獨、沒有歸屬感的時候，吃療癒食物的機率明顯增加。

所以，當人們在人際上感到孤獨無助時，就會產生一種動力想要消除這種不適感。因此常會嘗試去做一些行為，來給自己一些舒服與快樂的感覺，而吃東西就是其中一種方式。不過，這可不代表你可以無節制的暴飲暴食喔！

實踐妙方：紓壓的方式

怎樣吃得健康，又能緩解負面情緒是一門大學問，以下提供兩點建議：

一、療癒食物可以提供歸屬感

療癒食物的力量可以喚起腦海中，某些讓你覺得安心的回憶或是情緒，而這種現象又特別明顯存在於擁有正面關係的人身上，或許這也是為什麼離家的人總是容易懷念家人所做的料理。下次若發現身邊的朋友想用吃來發洩情緒時，不妨帶他去品嘗他所懷念的家鄉味。比起去吃份量驚人的吃到飽火鍋，一碗平凡的滷肉飯或許更能勾起他美好的回憶，撫慰他受傷的心靈喔！

二、食物不應是唯一的心理安慰

大吃的重點應該不在於吃本身，而是能有一個方式讓自己紓解壓力。不妨透過運動、與朋友聊天來排解情緒，若每次有壓力都是藉由大吃大喝來解決，長期來說，不但效果不佳，健康、身材也都可能因此變差。

懷舊的幸福魔力

小明：「我爸昨天又跟我講了一晚他年輕時的豐功偉業。」

小美：「哈哈，我媽媽也很常跟我說她小時候發生的故事。」

小明：「雖然內容滿有趣的，但我都已經聽了八百遍了！」

小美：「真的，我都快要背起來了！」

在春節假期一家團圓時，常見到長輩或親友聊起以前的事情，從年輕時打拼的辛苦到孩子小時候的趣事，這樣的懷舊話匣子打開後往往停不下來，一個接著一個講，愈講愈開心。還有一些歌星會舉辦經典歌曲演唱會，唱的都是一、二十年前的歌曲，場場總是吸引許多人買票進場。為什麼人們會喜歡回憶從前，甚至再去經歷過往的事物呢？一般人們總是會偏好新奇的事物，但其實，回憶起過去的往事是很特別的，尤其是想起有紀念性的地點，甚至是舊地重遊。而且，懷舊會讓人心情變好，更不可思議的是，它會讓人更願意幫助人呢！

實驗1：老物品vs.老東西

如果想要勾起往日情懷，是透過物品比較有效，還是老地方呢？研究者找了二十位參與者，請他們帶來專屬於自己的重要物品與重要地點的照片，然後加入一些不重要的日常物品與地點，在他們隨機觀看這些照片時，記錄大腦各區域的活動程度。一般而言，每個人會覺得重要的物品或地點，都是過往一件很有意義的事件，比如說，先前在某餐廳求婚，當時所用的物品與婚戒就是重要物品，而餐廳就是重要的地點。

是物品比較會勾起往日記憶還是地點呢？結果發現：在觀看重要地點時，大腦中主管情緒的部位——杏仁核（amygdala）會特別活躍，而且在大腦前額葉跟正向情緒與記憶有關的區域，也會明顯的比較活躍。這表示人們看到重要地點時，大腦會自行啟動產生好的情緒，而且程度很高呢！難怪很多人回到小時候的學校、故鄉時，總會不自主的懷念起往日的時光，無法抑制的說起以往的趣事，而且說著說著，臉上還帶著溫暖燦爛的笑容。

實驗2：懷舊引發善心

勾起懷舊的情懷除了可以讓人心情變好之外，對行為也有特別的影響喔！有一群研究者找了大學生來參與研究，把他們分為懷舊組與一般組。懷舊組的人需要回想過往讓他們懷念的往事，一般組則是回想上週的生活瑣事，兩組人在回想時也要寫下四個關於事件的關鍵字，以證明他們確實有回想出具體的事件。同時也需想想有什麼感受。等到回想完後，請他們填一張關於協助嚴重地震或協助弱勢兒童的宣傳單，詢問他們願意花多少時間去當義工，以及願意捐助多少錢，也就是請他們發揮愛心做善事。

結果發現：有先回想懷舊往事的人比較有正向的感受，同時比較願意提供較多的志工時數，願意捐獻的金額也比較高。換句話說，如果讓人有懷舊情緒的話，就會比較願意行善助人。不過，懷舊情懷有讓人心情變好，那是否有可能是因為正向感受的關係才樂於做善事，而不是懷舊呢？研究者也透過統計的方法來確認，排除了正向感受的影響，懷舊還是會讓人比較願意行善，他認為勾起懷舊情懷會讓人提高同理心，因此也就比較願意做些有利於他人的善事。

實踐妙方：保留舊回憶

既然回憶往事有這麼多的好處，我們又要怎麼利用它來讓自己擁有更好的生活呢？以下提供三點建議：

一、具有個人意義的照片或影片

現在手機很普遍，也多半可以照相和錄影。若手機裡存一些照片和影片，當感到心情鬱悶時，打開手機看看過往的美好畫面，勾起懷舊的情感，如此一來不好的心情就可以抵銷大半囉！

二、**用心感受過去的足跡**

我們總可以在城市的一隅發現祖厝與古老的建築，再過些年數量可能就愈來愈少，它們的價值並不在於可以賣得多少錢，而是在功能上雖然已經不敷使用，卻代表了一個年代的記憶，如果可以適當保存的話，便能很容易可以勾起許多人的懷舊情懷，進而讓心境變得更美好。

三、**為未來的自己保留美好記憶**

相信每個人身邊都有想要保留的東西，不論是生日禮物、紀念品，或是與家人出遊的合照，將它收在某個角落，待多年以後，你說不定也會滔滔不絕的向孩子訴說自己當年的故事。若是現在班級上有贏得競賽的錦旗，也可以保留起來，相信十年後開同學會時，一定會是一場重溫美好過去的聚會喔！

創意活動增加幸福感

小明：「你在做什麼呀？」

小美：「我在織圍巾。」

小明：「你怎麼會織這種圖案啊？好有創意！」

小美：「我自己看網路影片，再自己加一些變化囉！」

小明：「哇！你也太厲害了吧！」

小美：「那還用說！」

創意可以帶來很多好處，比如說，可以解決日常生活或專業工作領域中的新問題、可以產出令人耳目一新的藝術創作，或者可以突破現有的框架來學習新的事物。但是你知道嗎？創意與我們的幸福感也有關係喔！紐西蘭奧塔哥大學的研究發現：「日常生活中的創意活動有助於增加人們的整體幸福感。」

實驗：創意行為與心情之相關性

心理學家塔姆林・康納（Tamlin Conner）和他的團隊想知道日常的創意活動是否會讓人產生更多的正面情緒，因此，他透過線上日記來進行研究。

研究者邀請六百五十八名大學生，請他們在接下來的十三天透過線上日記記錄自己一天發生的事情。線上日記每天下午三點到八點間開放，研究者也會在每天下午五點寄 E-mail 提醒大家填寫，內容須記錄自己當天的整體感覺、想法、行為，以及創意活動。同時他們也須透過簡單的問卷來評估自己的正面情緒，例如：雀躍、興奮、快樂、放鬆等；負面情緒，例如：生氣、暴躁、緊張、難過等，還有「心盛」的程度。

什麼是心盛（flourishing）呢？這是正向心理學的重要概念之一，指人們對自己的生活感到意義和目的性。心盛的人通常充滿熱情活力，並且無論在個人生活及社會互動中，均能發揮主動積極、參與的正向功能。用來評估心盛程度的問卷，內容包含：我對今天的活動很投入也很感興趣、我過了很有意義的一天、我與人建立良好的人際關係等等。

研究員對日記進行分析後發現，若當天有進行一些創造性的活動，例如：作曲、寫作（詩歌，短篇小說）、針織、製作新食譜、繪畫、素描、音樂表演等等，他們隔天的正向情緒提高，且比往常更心盛，而負面情緒則沒有明顯改變。不過有趣的是，這樣的效果並不是雙向的，也就是說，前一天正向情緒較高的人，並沒有因此在第二天參與更多的創意活動。康納認為每天進行小型的創造性行為，不僅讓我們感覺良好，還可能會影響整體幸福感！

實踐妙方：創造幸福的方式

日常生活中，我們還可以藉由哪些方式來讓自己，甚至身邊的人變得更幸福呢？不妨試試以下幾種方式：

一、參與更多有創意的事情

既然日常的創意活動有助於正向情緒的產生，我們何不讓自己變得更幸福呢？若平時就常需要動動腦，或是進行一些需要創意的活動，可以試著觀察自己的情緒起伏，是否真的有感到比較幸福；若是平常較少做這些活動，那就是培養一個新興趣的好時機囉！

二、助人為快樂之本

雖然這是個老掉牙的道理，但是在自己力所能及的範圍去幫助他人，不僅能夠改善抑鬱的情緒，還可以提升幸福感喔！當自己有能力幫助他人時，內心的自我價值感會提升，還能因此獲得滿足感。若不信的話，不妨試著每天做一件助人的小事，不到一個月必能感覺到自己的變化。

三、變化是刺激創意的關鍵

如果覺得自己缺少創意，可以試著改變自己原本習慣的做事流程或是熟悉的環境，例如：把最困難的科目移到代辦清單的第一項、改變書桌或房間的擺放空間，甚至可以試著站著讀書，不僅可提升效率，這些小小的變化還有助於激發出不同的觀點與想法喔！

擁抱自然，擁抱正能量

小美：「你看到學校門口的木棉樹開花了嗎？」

小明：「沒有耶，我一早就只想睡覺，根本沒注意到。」

小美：「那你昨天總有看到近二十年來最大的月圓吧？」

小明：「蛤？那是什麼？我昨晚都在玩手遊。」

你是否每天一睜開就趕著出門上學，準備面對一早的考試？總是在前往學校的路上感到昏昏欲睡，總想闔上眼睛小小補眠？一到週末就想賴在床上，然後自顧自的滑手機？回想自己的生活，你多久沒有留意出現在身旁的自然風景了呢？這樣其實很可惜啊！大多數的人是生活在都市裡，可以看到周遭景觀的機會已愈來愈少，久而久之把這當成理所當然，也就不在意有沒有綠色植物了。不過，大自然有股神奇的魔力，可以在無形之中帶給人正向的感受喔！有研究發現：「和大自然相處是前往幸福的直達通道」，心理學家表示，當人們花時間注意周圍的自然景觀，他們的快樂和幸福感都會提升！

實驗：大自然帶來的幸福指數

心理學家霍莉安・帕斯莫（Holli-Anne Passmore）對於自然環境如何影響個人幸福感非常有興趣，因此她邀請三百九十五名參與者進行為期兩週的實驗。所有的人被隨機分成自然組、人造組、一般組。自然組被要求觀察日常生活中的自然景觀，在實驗期間拍攝至少十張引起他們注意的景物，例如：盆栽、鳥兒、陽光，甚至是生長在人行道裂縫中的蒲公英，然後上傳到研究用的網站上，並簡單寫下他們對此景的感受；人造組與自然組類似，只不過他們要將注意力放在人造的物體上；一般組則繼續維持他們平常的生活模式，兩週後聽一場情感攝影的演講。完成任務之後，參與者會填寫測量幸福感、正負面情緒、意義感等等一系列的問卷。

帕斯莫分析回收來的兩千五百九十一張照片和其情緒描述，她發現自然組的照片產生較多的正面字詞，像是和平、希望、自由，而人造組則有相對較多的負面字詞，像是壓力、煩惱、疲累；另外，自然組也比其他兩組有更高的幸福感、提升感、社會連結感，以及更高的親社會傾向。由此可見，自然組雖然也是居住在城市，但只要有去留意並體驗到自然景觀，自己就會變得比較開心。

這樣的研究結果顯示，接觸大自然可以增加幸福感，而且這個大自然並不一定要在戶外度過幾個小時，或在荒野中長途散步。事實上，城市中的路樹、庭園造景對我們所能產生的正面影響遠比想像中還大。

實踐妙方：向大自然汲取正能量

擁抱大自然不一定要到荒郊野外，只要細心留意身邊的風景，我們就能讓自己變得更快樂、更幸福。那麼還有什麼方法可以利用大自然來幫助我們有效提升正面的情緒呢？以下提供兩個方式：

一、**漫步在大自然中，會讓人感覺更有活力**

心理學家理查德·萊恩（Richard M. Ryan）發現，只要在短時間內接觸大自然，例如：沿著綠樹成蔭的河道散步十五分，人們就會明顯覺得自己的活力提升，就算只是觀看一系列風景照片也會有類似的效果。同時，他也發現具有更強活力的人，不僅對自己想做的事情擁有更多的能量，而且更能適應身體的疾病。

二、**接觸大自然可以增加專注力**

心理學家郭明（Ming Kuo）發現在草地或樹木繁茂的戶外上課，能使學生更加專注於課堂的學習，同時，老師也比較不需要一直管理班級秩序或提醒學生專心，而且連續教學的時間也延長了。因此，定期的戶外課程是一種方便又能有效提高學生參與度和表現的教學方式，但若戶外課程機會較少，同學也能藉由體育課時間，多多接觸大自然。

現代人花費大量的時間處在建築物之中，忙碌的生活也讓人們無心接觸大自然，但自然對我們的生活卻至關重要，其實只要花短短的二十分鐘到公園走走，或是通過窗戶和室內植物將自然元素溶入自己的環境中，就能提升我們的身心健康，其補充能量的效果，可能還比喝一杯咖啡還有用呢！請有空的時候，多多到外面走一走、親近大自然吧！

放假去哪兒，心情大不同

小明：「你暑假有要去哪裡玩嗎？」

小美：「我會跟爸爸媽媽去墾丁三日遊，除了去沙灘玩水，還會去海洋博物館喲！」

小明：「是喔！天氣好熱，我只想待在家裡吹冷氣。」

小美：「可是難得放假，你不想出去走走嗎？」

小明：「確實有點可惜，但我好像也不知道可以去哪裡。」

在上課的日子裡，總是期待放假，可以擺脫每天都處於去學校、待在教室裡的生活。可是，真到了放假的時候，要做什麼事就又讓人傷腦筋了，是要乖乖待在家裡看書、打電動好呢？還是到戶外走走、接觸大自然呢？好難選擇啊！

不過，待在室內或是戶外究竟有沒有差別？看起來似乎沒差，但心理學家發現還是有差別喲！

實驗：戶外活動與心情

二〇〇五年心理學家馬修・凱勒（Matthew Keller）與團隊做了一項關於「天氣如何影響人們的心情與思考」的研究，發現待在戶外的話，記憶力會比較好，而且心胸也會比較開放呢！

他們透過報紙宣傳找來九十七位參與者，每個人都會先填一份基本背景調查，並記錄他們來之前花了多少時間待在戶外，然後填寫兩份評估情緒的量表。接下來每個人都要完成兩個任務，一個是關於記憶力的考驗，另一個任務則是看不同應徵者的資料，來評估參與者對新事物的開放性，看他們在被第一印象影響之下，能否接受新的資訊並調整自己的想法。

結果發現：人們在戶外的時間愈多，心情就會愈好，尤其是那些在戶外超過三十分鐘的人更是明顯。同時也發現，舒適的天氣會讓人們在記憶力的表現上變得更好，也愈容易接受新的事物。

不過，或許有人會問：「有沒有可能是因為心情好才想去戶外？不一定是在戶外才心情好呀！」為了解決這個疑惑，研究者又找來一百二十一位參與者，依據他們平常釋放壓力的方式分成：散步、跳舞跟冥想組，每一組的人又各自分為室內與室外兩種。以散步組為例，被分配到室外就會至植物園，室內則是利用跑步機。讓每個人都進行三十分鐘活動後，再進行心情與記憶力的測驗。結果發現室外組的人在心情與記憶力上，都會有比較正面的表現。看來真不該一直留在家裡呀，甚至也不要一直待在教室裡讀書，有時候到戶外學習也是個不錯的好主意。

不過還有一點值得注意的是，在戶外雖然對我們的心情、記憶力與創造力有幫助，但若太熱的話可能會有反效果喔！因為研究人員也發現，人們若在天氣炎熱的時候在戶外待太久，心情反而會變得更差。因此，放假時要待在家裡或是出去走走，最好先看看天氣，覺得不會太熱就到戶外，太熱就待在室內吧！

實踐妙方：出門也要選對做法

好啦，如果決定要去戶外了，那麼該去哪裡比較好呢？去百貨公司吹冷氣逛街跟去郊外散步，有什麼差別嗎？以下提供兩點建議作參考：

一、遠離市區可以讓心情比較平靜

史丹佛大學研究者格雷戈里・布拉特曼（Gregory Bratman）表示，人們在郊區散步後，他們的行為跟大腦都呈現比較平靜、不亂想的狀態。因為當我們到郊外散步時，大腦膝下前額皮質區的活躍程度較低，這個腦區與芻思行為、憂鬱症狀有關。「芻思」是指腦海裡會不斷回想到以前的不愉快經驗，這通常會讓人心情愈來愈低落，當芻思行為愈多時，此區域就愈活躍。所以，假日不要一直待在室內吹冷氣，有空多到有綠色植物的地方走一走，爬山、騎腳踏車都是不錯的選擇。

二、走路可以幫助激發創造力

史丹佛大學丹尼爾・史奇瓦茲與瑪爾莉・歐培索博士發現，走路這動作本身可以激發創造力與靈感，而且不只在戶外走路可激發創意，在室內走跑步機也能達到一樣的效果，而且走路激發創造力的效果會維持一段時間，縱使走一段路後短暫休息一下，創意還是會不斷冒出來喔。如果想趁假日做一些有趣的事情，不妨去走走路、散散步來激發靈感和創造力，或許有意想不到的收穫。

人類的行為會受到大自然的影響並不奇怪，只是在科技與文明逐漸發展起來後，平均在室內的時間愈來愈多，對戶外的感受也就不那麼敏銳了。知道在戶外的好處後，就盡量起身離開冷氣房，多到戶外去活動吧，不僅有助於身體健康，也對大腦記憶跟忘卻煩惱很有幫助呢！

花錢買時間，生活更滿意

小明：「我等一下要叫外送拉麵，你有想吃嗎？」
小美：「拉麵？學校後面巷子裡不是有一間嗎？」
小明：「外面好熱，走出去太麻煩了。」
小美：「天啊，你這個懶鬼，寧願多花錢也不出去。」
小明：「所以呢？你要吃嗎？」
小美：「嗯……我要醬油口味的！哈哈！」

很多人覺得每天都有很多事情要做，上學、補習、寫作業、運動……。有時會覺得自己沒有足夠的時間去完成每天待辦的事項，總是活在時間緊迫的壓力中。根據調查，隨著世界各地的人們變得富裕，他們的時間壓力也隨之增加，因為當時間開始變得更具經濟價值時，我們也會認為自己的時間變得稀有。不過，這樣的現象可能為我們帶來負面影響，像是感覺時間緊迫的人，比那些感覺時間充裕的人更不快樂，甚至更容易產生焦慮和抑鬱。從這個角度看來，時間就變得非常有價值，足以讓一些人願意花高一點的代價去獲得。有研究發現：「花錢購買時間，可以讓人提高幸福感。」

實驗：花錢的方式

隨著科技帶動經濟的興起，人們愈來愈有可能用錢來購買更多的時間，像是通過線上平臺來購物或是購買服務，節省人們前往實體店面的交通時間；服務項目也包羅萬象，從房間清潔到食物配送都有。哈佛大學艾希莉•惠蘭絲（Ashley Whillans）的團隊想了解，這樣的行為模式對人們有何影響，因此進行了一項大規模調查，參與者遍及加拿大、丹麥、美國和荷蘭，共蒐集到六千二百七十一筆資料。

調查內容的核心是想知道，這些人每個月是否會花錢來為自己省時間，以及花了多少錢？簡單來說，就是一個月會付多少錢請他人來幫忙做自己不想做的事情。同時每個人需要評量自己的生活滿意度、時間壓力程度，並提供個人的年收入、每週工作時數、年齡、婚姻狀況、子女人數等。

結果發現，大約百分之二十八的人，每個月平均花費新臺幣四千五百元來為自己節省時間，有趣的是，不論收入多寡，這些願意花錢來省時間的人擁有更高的生活滿意度。這是真的嗎？為了確定用錢省時間的人是否真的比較幸福，研究者進行了第二個實驗。

這一次，研究者邀請六十名參與者，隨機將他們分成兩組：購買時間組與購買物品組。接著，研究人員給每人四十美元（約新臺幣一千兩百元）的預算，請他們在週末把錢花掉。顧名思義，購買時間組只能將錢花在可以幫他們節省時間的項目上，例如：叫外送、送洗衣服等，而購買物品組則是需要將錢花在物質項目上，例如：衣服、鞋子等。消費結束後，研究者會在傍晚打電話詢問他們一整天的感覺，包括：正面情緒、負面情緒、時間壓力程度。結果發現，相較於購買物品組，購買時間組在消費後變得更快樂，且時間壓力程度也比較低。

這也是為什麼有些人寧願選擇居住在靠近工作地點，但價格較高的房子，因為這樣可以節省繁瑣惱人的通勤時間，或是寧願多花一點錢買高鐵票，也不要花三倍的時間搭客運。不過，儘管研究表明購買時間可以緩解日常生活中的時間壓力，但研究人員也發現這麼做的人並不多，大家並不習慣花錢來節省自己日常生活的時間。在一份針對百萬富翁的調查中，有近一半的人沒有花錢來避開自己不願意做的事。

實踐妙方：怎樣花錢更開心？

當然，每個人利用金錢的方式不一樣，對於生活也有不同的理念。但我們可以確保自己所花的每一塊錢都能獲得應有的價值，讓自己的生活變得更有意義，自然就會過得更快樂了。

既然花錢方式百百種，那麼有哪些方式可以讓我們將錢花得有意義又開心呢？以下提供兩個建議：

一、捐錢讓人感到富裕

慈善捐贈使人們的心裡感到更富有。因此，如果我們偶爾把錢捐給慈善機構、團體，或是將錢用來幫助需要的人，這樣除了自己快樂，還能將快樂擴大到別人身上，何樂而不為呢？

二、購買體驗換取快樂

心理學家發現，花錢購買體驗，例如：度假、音樂會、外出用餐等等，往往會帶來比購買衣物、電子產品等物質產品更多的快樂。因此當收到零用錢或壓歲錢時，不要只是將錢花在購物上，建議試著為自己規劃一些活動吧！

勵志小語真的能勵志？

小明：「你怎麼了？看起來心情不太好。」

小美：「因為最近有一堆煩人的事情啊！筱琪昨天跟我吵架、我把家裡鑰匙弄丟了被爸爸罵、明天要交的閱讀心得也還沒寫……唉！」

小明：「生活就像海洋，只有意志堅強的人，才能到達彼岸。」

小美：「呃……你幹嘛突然變文青？」

小明：「我在安慰跟鼓勵你呀！」

小美：「有用嗎？我還是一樣覺得很煩哪！」

許多人的書櫃上都有收藏幾本勵志的書籍，像是經典的《祕密》，還有一直持續暢銷的心靈雞湯書籍，閱讀這些書籍無非是希望給自己一點正能量，迎接生活中的挑戰。不過，反覆閱讀這些正向的文字，就真的會變得幸福快樂又美滿嗎？社會上不乏有人開始反思和審視正向思考所帶來的影響，認為正能量的語言讓人感覺不切實際，甚至令人反感，主張將自己的不滿發洩出來才能紓解壓力。也難怪近年網路上會出現「厭世ＸＸ」、「靠北ＸＸ」等負能量的社團！但究竟正向文字對人們造成的影響是如何呢？有研究發現：「對於無法滿足基本所需的人來說，正能量文字可能帶來反效果」。

實驗：正能量文字如何影響心情？

心理學家楊君純（June Chun Yeung）和倫妙芝（Miu-Chi Lun）對正

能量文字如何影響人們的心情感到好奇，他們邀請二百八十四位大學生進行實驗，隨機分為四個組別：閱讀正向文字、聆聽正向文字、閱讀中性文字、聆聽中性文字。顧名思義，閱讀或聆聽正向文字的人，會接收到二十句正能量的文字，內容都是從《祕密》一書摘錄而來，例如：「生活是多麼輕鬆！生命是多麼美好！所有美好的事物都向我而來！」、「我感覺好棒，我感覺真好」等；中性文字組的人則會接收到二十句不算正能量卻是普世價值相關的文字，例如：「人類的行為隨著社會脈絡改變」、「大部分的災害也能夠被預測」等。研究者也請

我的生命是多麼美好，
所有美好的事物
都向我而來，

每個人在閱讀或聆聽的前後填寫評量情緒的問卷，並完成自尊評估量表（例題：我覺得自己沒有價值、我對自己感到滿意），以及基本需求滿足度的量表（例題：我擔心自己的人身安全、我擔心沒有金錢支付生活開銷、我擁有愛我的家人與朋友），以了解其健康狀況和滿足基本需要的能力等等。

結果發現，參加的人在閱讀正能量文句後，心情竟然變差了，尤其是那些基本需求較無法得到滿足以及低自尊的人，心情更差的情況益加明顯；不過，聆聽正能量文句的人，心情卻輕微變好了；至於閱讀或聆聽中性文字的人，則沒有顯著的情緒變化。

為什麼讀了正能量文句後，心情反而變差呢？研究者認為可能是因人們看到這些字句時，容易把自己的狀態與該文字所提倡的理想做比較，一比較之下心情就變差了。因為當實際與理想的自我差太遠時，就會引起人們的憂鬱或不安，這就好像你明明家裡已經快付不起學費了，書中還一直強調你生活有多麼美好，這就讓人覺得很遙遠又不切實際。所以，對於無法滿足基本所需的人來說，正能量文字反而可能帶來負面效果。

那麼，為什麼正能量文句用聆聽的，卻會使心情變好呢？可能是因為在聆聽的環境下，人們只能夠聽一次，無法深入思考，只會大約理解到字句的內容，而不會直覺將自我與理想作比較，因此心情會稍微變好。

實踐妙方：如何調適心情？

看來正能量的文字並沒有那麼萬能啊，所以在閱讀上可能也要注意，不要適得其反。那麼，有什麼方法可以調適我們的情緒呢？以下提供三點建議：

一、**了解自己的需求**

生活中總是會遇到許多的困難、不如意，需要先釐清自己的狀況與需求，而不是一味的給自己許多不切實際的想法。同時也需要積極去探索自己是一個什麼樣的人，了解對自己的看法，然後慢慢去彌補現實與理想自我的落差，找到排除負面情緒的方法。

二、悲觀一下也不錯

正向思考並不是適用於所有人，一直告訴自己「往好處想」、「做就對了」、「相信你自己的想法」，可能只會帶來壓力，甚至譴責自己為何不快樂。所以說，適時降低對自己的期許、做好最壞的打算，反而可以帶來意外的正向效果。

三、擁抱各種情緒

憤怒、難過、挫折感等都是我們的情緒之一，當這些情緒出現時，不要第一時間就排斥它們，而是嘗試接受各式各樣的情緒，學習與這個情緒共處，有的時候跳脫正向思考，反而能讓我們用更清醒的角度來審視現狀呢！

時間有限，才懂得珍惜？

小明：「我們再過一年就要畢業了耶！」

小美：「對啊，時間過得好快！」

小明：「我們一定要把握這一年的時間，多參與一些之前沒嘗試過的活動。」

剩一年就畢業了
騎單車環島旅行
參加歌唱大賽
和同學一起出去玩

小美：「好啊，那我們就從參加一年一度的歌唱大賽開始吧！」

小明：「咦，你不是從不參加這種表演活動的，怎麼突然改變想法了？」

小美：「嗯，因為想到可以跟大家相聚的日子不多了，有活動就盡量參與囉！」

在成長過程中會經歷許多學習的歷程，而隨著階段的改變也會需要變動，不得不與現有的同伴、環境分離。畢業，象徵一個階段的結束以及下一個階段的開始。在經歷畢業的過程中，我們自然而然的想回顧過去，總結這些年的點點滴滴，希望將所有的成長片段凝結在畢業的這一刻。同時，我們也會想列出未完成清單，希望在畢業之前能夠一一體驗，不要留下任何遺憾。為什麼會這樣呢？因為研究顯示：「如果我們認為自己只剩有限的時間，會變得非常珍惜那些活動，並且想充分的利用這段時光。」

實驗：畢業生的心理

很多人都知道一個概念：「物以稀為貴」，也就是說愈稀少的物品是愈有價值的。事實上這個概念不僅適用於物品，也適用於時間。美國心理學家寇爾茨（Jaime L. Kurtz）進行了一項研究，來看看人們在覺察到自己的時間有限時，會不會對生活有不同的看法。研究者找來六十七位大學高年級生參與這項研究，他們被分成三組：一組人被提醒即將畢業離開校園，另一組人則被提醒距離畢業還有一長段時間，還有一組人沒有任何提醒。每個人都要寫下自己對學校生活的一些心得與想法，之後還要評估自己的情緒以及幸福感。兩週後他們還會收到一份問卷，同樣要他們寫下對大學生活的看法，以及這段時間所參加的活動。

結果發現，那些發現即將面臨畢業的學生，對於學習及參與活動的幸福感明顯提升了，而且也會參加更多學校活動。而那些認為畢業還很久以及沒被提醒的學生，就都沒有明顯改變。也就是說，一旦學生被提醒了即將畢業，意識到這將是他們參與大學活動的最後機會，就會更願意利用他們還在學校時盡可能參加活動，也會珍惜可以參與活動並感到比較幸福。

也難怪許多即將畢業的學生，總是會想著要找同學一起出去玩、也會比較珍惜一起上課的時光，畢竟多年的共學相處，再過沒多久就要各奔東西，心中難免會想把握最後時光。但這也提醒著我們，不管是學習或是跟家人、朋友相處，如果能夠好好把握當下，及時用心去學習與參與體驗，就會有較好的投入與幸福感受。

實踐妙方：提升幸福感有祕訣

說到幸福感受，不管是快畢業還是剛要開始在新學校學習，很多人都會希望自己一切順順利利，不要發生壞事、不要有壞情緒，覺得這樣對學習才會好。但人生不可能只發生好事呀，生活中總是喜樂交織著。那麼我們在學校時，還能怎麼樣去提升自己的幸福感呢？以下提供兩點建議：

一、偶爾來點負能量也不錯

不好的情緒不見得是壞事，快樂的學生偶爾來點負面情緒的話，對這些人的學業成績才是最好的。心理學教授艾琳・巴克發現，對不快樂的學生而言，負面情緒事件愈多，學業成績就愈差，但對快樂的學生而言，負面情緒事件愈多，成績就會愈好呢！因為負面情緒的發生並不見得只會讓人沮喪，有些人會視為挑戰或是成長的機會。換句話說，在遇到負面情緒事件時，快樂的人比較會認為是個挑戰成長的機會，進而有較多的學習與成長；而不快樂的人則可能因此沮喪退縮，進而影響到自己的學習囉。

二、每天寫下三件好事

不妨在睡覺之前花個十分鐘寫下今天發生的三件好事情，以及發生的原因，就算事情很平凡也沒有關係。例如：「我今天幫助一個迷路的外國人找到他要去的地方」、「今天吃到一塊很好吃的蛋糕」。透過每天的覺察與練習，會漸漸發現自己的幸福感明顯上升，六個月後，你可能會因為這個簡單的幸福練習，換來他人用一生努力都可能無法獲得的幸福感喔。

無論你是接近畢業或還有幾年的時間，建議盡量把握當下，去學想學的東西、做想做的事，好好把握時光的心態會影響自己的幸福感。有時也不必考慮太多、畏懼失敗而裹足不前，只要能夠保持正向的態度，短時間的失敗對整體來說反而有正向的效果，一段時間後就會發現，這個學習階段可是收穫滿滿啊！

悲觀也有好處

小明：「明天要參加運動會了，好緊張！我好怕我會跌倒。」
小美：「不會啦！你平常都做這麼多練習了，可以的！」
小明：「萬一我拉肚子怎麼辦？或是跑錯跑道……」
小美：「你不要這麼悲觀啦！你一定會表現得很好的，不要想太多。」
小明：「我是未雨綢繆好嗎？我先去練習嘍！」

「要往好的方面想呀！」「你不要這麼悲觀嘛！」「樂觀一點比較快樂

啊！」我們從小到大總是被身邊的人鼓勵要學習樂觀，好像悲觀是一種需要改善的缺陷。但其實很多事物都是一體兩面、好壞參半的。悲觀如果不是過度的話，其實對人們也有正面的助益，有些研究表示，「防禦性悲觀」的人會為了消除內心對挫敗的焦慮，而有更好的表現。

防禦性悲觀 vs. 消極式悲觀

什麼是防禦性悲觀呢？

防禦性悲觀可以說是一種心理戰略，防禦性悲觀與消極式悲觀（例如：那些只是焦慮或沮喪的人）不同的地方在於他們應對的方式。雖然人們在

感到焦慮或抑鬱時，傾向於使用迴避來應對預期的問題，但是防禦性悲觀者會預先設想最壞的結果，模擬所有可能出現的糟糕情況，並視為實現目標的一種策略。另外，與防禦性悲觀相對的是戰略性樂觀，這種樂觀主義者則會設想最好的結果，然後急切的規畫，加以實現。

人們常會認為戰略性樂觀者的表現，會優於防禦性悲觀主義者，因為他們對自己充滿信心以及期許，而防禦性悲觀主義者容易感到焦慮，並對自己的期望普遍較低。但是心理學家諾瑞（Norem）和康托爾（Cantor）發現防禦性悲觀主義者並沒有因此表現得比較差，因為透過想像最壞的情況，防禦性悲觀主義者會促使自己做更多準備並更加努力，以消除內心對挫敗的焦慮，使他們有較佳的工作表現。

所以，不管你是戰略樂觀主義者還是防禦性悲觀主義者，只要在適當的情境下，便能發揮出自己應有的能力來獲得成功，社會上許多成功人士也都是防禦性悲觀者。那麼防禦性悲觀者在現實生活中，是怎麼利用這個優勢的呢？有研究發現，防禦性悲觀者會利用自己的負面情緒，來激勵自己表現得更好。

實驗：悲觀心情如何影響創造力？

心理學家馬克・賽里（Mark D. Seery）邀請六百六十七名參與者，利用測量防禦性悲觀的問卷（例題，我通常會預先設想，自己如果在課業上表現得很差勁，將會有什麼結果），篩選出一群防禦性悲觀的人，將他們隨機分成正向、負向與放鬆組，然後請他們進行一項有關創造力的解題任務。任務開始前，研究者會給參與者一些情境故事，讓他們寫下在那個情況下可能發生的事。正向組會被暗示正面的情況，像是「你在實驗過程會很冷靜，而且可以想到所有問題的答案」；而負向組則會被暗示：「你會僵住而且完全想不到問題的答案」；放鬆組則被暗示：「你坐在一張舒服的椅子上，看著自己最愛的書」。

結果發現，在創造力的任務上，正向組的防禦性悲觀者的表現並不好，反而是負向組的防禦性悲觀者在任務的表現上更好。這是什麼意思呢？給自己過於正向的想像，對於防禦性悲觀者沒有顯著的幫助，就像是正能量文字不見得對每個人都有用一樣。反而是想像某種情境可能會產生負面結果時，防禦性悲觀者表現得會比較好，因為會心生警惕而促使自己更加注意。由此可見，對於防禦性悲觀者，樂觀正面的思想不是那麼管用的。

實踐妙方：調整有利的應對方式

綜上所述，無論你是樂觀派或是悲觀派，只要了解對自己最有利的應對方式，便能做最適合自己的決策，但是，悲觀不能過度喲！過度消極的悲觀只會導致失敗，因為事前已經設想了結果，自然就沒有動力做出努力，最後表現當然不佳。那麼適度的悲觀還有哪些好處呢？

一、悲觀活得較久

相較於樂觀而言，對未來生活預期較保守的高齡者，會有比較低的殘疾率與死亡率。因為他們會預期可能發生的意外情況，提早做出應對措施。從這角度看來，適度的悲觀有許多我們意想不到的可取之處，而思想傾向樂觀正面，也未必全然是好事。

二、悲觀讓你更理性

當一個人處於不愉快、負面的狀態下，看事情更能著重於焦點，決策上也會比起在愉快的狀態下更為謹慎，這狀況在悲觀者上更為顯著。所以，適當的悲觀可以使我們更有批判性，也能比平常做出更理性與正確的評估。

過度樂觀讓你荷包失血

小明：「我昨天買刮刮樂中了五百元耶！」

小美：「哇塞！那你花了多少錢買刮刮樂？」

小明：「嗯……八百元。所以只有多花三百元，我今天如果有中五百元就賺回來了。」

小美：「你確定有這麼容易中獎嗎？」

小明：「放心啦！沒問題的！」

很多人都有買過公益彩券的經驗，或許過年過節偶爾買來碰碰運氣，但社會上可是有一群人長期投注大把鈔票，希望下次的頭獎得主是自己。一般人也許不致於去賭博，但大概也有玩抽獎、撲克牌、桌遊等遊戲的經驗吧？你是否曾經為了成為最後的贏家，而執著於一再投入遊戲不肯罷手，縱使在過程中輸了好幾局呢？有研究發現：「賭徒容易對自己的勝算盲目樂觀！」

實驗：樂觀會失去理性

樂觀固然可以為人們帶來許多好處，但若用錯地方可是會導致金錢上的損失唷！行銷學家伊麗莎白・考利（Elizabeth Cowley）想知道人們是否會扭曲過去的記憶以合理化那些不負責任的行為，例如：賭博。研究者邀請一百零九位有賭博經驗的參與者，然後以測試新遊戲機的名義，給他們三千點的代幣去玩三百局類似吃角子老虎的遊戲。但其實遊戲機的輸贏結果早已經被設計好，最後有一半的人會贏錢（贏錢組），一半的人會輸錢（輸錢組）。研究者會在過程中讓每個人都經歷一次大贏錢和一次大輸錢，每個人贏錢與輸錢的順序、時間點也不太一樣。

遊戲結束後，參與者需要回答幾個賭博信念與行為的相關問題，例如：「你過去十二個月玩遊戲機臺的頻率為何？」、「你每次玩遊戲機臺時，通常會玩多久？」。一週後，會以電話詢問的方式，請參與者回憶本次遊戲過程的想法與感受，例如：「你有多享受或多不享受上週的遊戲？」、「你願意花自己的錢，實地去玩上週的遊戲機臺嗎？」

結果發現，縱使輸錢組在過程中幾乎持續在輸錢，但他們竟然還是對於贏錢的經歷感到印象深刻，而且如果大贏錢和大輸錢的時間點相距甚遠，那麼輸錢組就傾向注意贏錢的正向回憶，且願意為那一線希望在真正的遊戲中花錢。相反的，贏錢組在過程中幾乎持續在贏錢，不過，重大獲利和重大損失的時間點愈接近，他們就會比較快樂，因為這樣讓人感覺沒有損失，研究者將之稱為「取消效應」。

輸錢的人明明損失了很多錢卻還是會繼續下去，正是因為他們只注意那些少數贏錢的狀況，而忽略了輸錢的痛苦。其實這說來也不是壞事，人們有時會藉由回想正面事件，來抵銷負面事件帶來的痛苦，這樣可以讓自己不要太難受。但過度的正面卻會帶來不好的影響，從研究賭博的這個例子來說，我們容易對自己的勝算盲目樂觀，總想著自己贏錢的次數，忽視了自己輸錢的次數，導致輸了錢也無法自拔，沉迷在假想的希望中。

當然，沉迷於賭博的動機不只是為了贏錢，專門從事「行為成癮症」研究的心理學家馬克・格里菲斯（Mark Griffith），曾經對五千五百名賭徒做過一項調查，發現賭徒最大的賭博動機是贏大錢，其他的動機分別為「賭博很有趣」和「賭博讓人情緒亢奮」等因素。

實踐妙方：正向思考未必好

因此，正面思考、正向情緒對我們有許多好的影響，但是，我們可得小心不要在不適當的情況下過度正向，並且隨時提醒自己應該從健康、正確的管道獲得快樂。以下分享過度正向可能帶來的兩個負面影響：

一、刻意壓抑負面情緒

若我們總是告訴自己凡事往好處想，只要有一絲不好的念頭，就直覺要自己別想那麼多。這樣刻意逃避負面情緒，可能反而會讓這些情緒停留在腦海中。例如：你強迫自己忽略考試帶給你的壓力，結果反而睡覺時夢到考差而驚醒。比較好的方式應該是去正視這些情緒，了解情緒的源頭是什麼，然後積極的解決問題，讓自己練習克服負面情緒，而不只是逃避。

二、做不切實際的白日夢

我們常說心想事成、有夢最美，好像只要一心想著願望成真，就能真的實現夢想。但若沒有考量現實當中會面臨的阻礙，夢想終究難以實現。所以，我們可以擁抱美好的夢想，但要相信自己可以達成，因為這會讓我們活力提升並積極投入，同時，也要預想實踐夢想的路上可能會碰到的阻礙，我們才能更有策略的採取行動，完成夢想。

心懷感恩有助睡眠

小美：「好累喔！我昨晚不知道為什麼就是睡不著。」

小明：「你該不會熬夜追韓劇吧？」

小美：「才不是哩！可能是因為我一直在想後天要上臺報告的東西。」

小明：「我有時候也會這樣，腦袋太多事情，煩到睡不好。」

小美：「不知道有什麼簡單的方法可以幫我睡好覺啊！」

很多人都有過失眠的經驗，閉著眼睛在床上翻來覆去就是睡不著，有時候甚至躺到天亮了，依然沒有睡意，然後只能一臉疲倦的出門上學，整天都打不起精神。每個人睡不著的原因不太一樣，感到焦慮是一種可能，像是擔心即將到來的考試、為明天的比賽而緊張，或許回想到自己今天做過的懊惱事情。若發現自己難以入睡，是因為腦海中有這些負面情緒或想法時，不妨試著調整睡前的習慣，改成去想一下今天發生了什麼值得感謝的事。有研究發現：「睡前的感恩練習，有助於良好的睡眠。」

實驗：感恩與睡眠品質

心理學家亞歷克斯・伍德（Alex Wood）對於感恩如何影響人們的睡眠感到興趣，因此，他與他的研究團隊邀請四百零一名成年人，當中有百分之四十的人睡不好。研究者請他們填寫一系列問卷，評估參與者的感恩程度、睡前想法、睡眠狀況（何時入睡與起床、睡眠品質如何）、性格類型（開放性、神經質）、社會期許傾向等，來看看有哪些因素會影響人睡得好或不好。

結果發現，那些感恩程度高的人，有較好的睡眠品質，也睡得更久，白天的疲勞感也比較低。同時他也發現，性格類型及社會期許並不影響睡眠品質與感恩程度，意思是自己天生的個性對睡眠沒有直接的關係。看來睡前有正向的思考，能夠舒緩神經系統，而感恩有助於我們產生正向情緒，使得我們可以擁有較好的睡眠品質。

感恩可以促進我們的睡眠，相反的，缺乏睡眠會降低我們感恩的能力，進而對人際關係產生負面影響喔！心理學家艾米・戈登（Amie Gordon）表示，睡眠品質不佳時，不僅讓我們感到孤獨，還會影響自己與他人的互動關係。

艾米進行了三項實驗，她在第一項實驗發現，比起睡眠品質不佳的人，睡眠充足的人在進行感恩練習後，有更高的感恩程度；第二項實驗發現，睡眠品質不佳會導致隔天的感恩程度下降；最後一項實驗發現，如果自己或伴侶睡不好，人們會對自己身邊重要的人就不那麼感恩。看來睡眠不好可能會讓我們變得更加自私，因為我們會優先考慮自己的需求的，所以，注重伴侶或家人的睡眠品質也很重要。

實踐妙方：如何才能睡飽睡好？

那麼睡多久才夠呢？美國國家睡眠基金會召集了一群專家，檢視上百篇研究後提出了建議：對於青春期（十四至十七歲）的學生，建議睡眠時數八到十小時，平均約九小時；健康成人則是需要七到九個小時的睡眠。

你每天睡幾個小時呢？如果低於建議的睡眠時數，這是一個好好檢視自己生活習慣的好時機，進而調整生活作息。如果偶爾難以入睡，不妨在下週就開始培養感恩的態度。感恩練習很簡單，只要花點時間注意今天愉快的經歷，例如，溫暖和煦的陽光、吃一頓豐盛的早餐，或是試著表達自己的感謝，甚至可以每天做一些美好的事情，漸漸的，可能就會發現自己的睡眠品質改善了。

如果在一週的感恩練習之後，沒有看到任何積極的變化，也不要因此放棄培養感恩的習慣喔！因為感恩對我們還有以下正面的好處：

一、感恩讓你更有耐心

懂得感恩生活中的人事物，多半具有更大的耐心與較高的自我控制能力。人類的思想傾向於重視現在而不是未來，而感恩就像一個自我控制的緩衝區，它可以幫助我們抵抗誘惑，並做出正確、理性的決定。所謂的感恩，不一定是感謝生命中的大事情，關注生活中的小事，也會有很好的效果。

二、感恩讓你更健康

若總是關注自己的缺點，我們會容易感到沮喪；但透過感恩練習，我們會將注意力從自己的身上轉移到對方，以及對方為我們做的事情上。如此一來，可以減輕自己憂鬱與焦慮的情緒。

三、感恩讓人們更喜歡你

當你懂得感恩時，身邊的家人和朋友也會變得更加快樂。因為當你對別人心存感恩，他們會得到良好的正向感覺，你也會感到被愛、被賞識和關心，彼此的關係也會變得更美好。

孤獨的惡勢力

小美：「你覺得這部電影好看嗎？」

小明：「不錯啊，但我好難想像，如果是自己漂流到荒島會發生什麼事，世界就好像只剩下我一個人一樣。」

小美：「對啊，如果沒有家人、好朋友在身邊，我應該會覺得很孤單吧！」

老師在上課時播放了一部知名的電影叫《浩劫重生》，內容描述一個快遞公司員工搭飛機遇難，漂流到無人島的故事。

這部電影，除了刻劃男主角如何在荒島上求生外，其中有一段情節讓人印象深刻，就是主角在排球上畫了一張臉並取名為「威爾森」。主角時常對著這顆球自言自語，但後來排球不小心掉入海裡，主角傷心欲絕，直呼喊他的名字，這段特別的人「球」之情，其實很值得我們繼續看下去。

實驗：極致孤獨的時候

想像今天你跟電影主角一樣漂流到無人的荒島，出現在眼前的一切是如此陌生，雖然你幸運的生存下來，但即將面對的卻是無窮無盡的寂寞。或許你會好奇：「只剩下自己的世界，將會變成什麼樣子？」二〇〇八年心理學家伊恩·羅賓斯（Ian Robbins）和英國廣播公司（BBC）合作一項實驗，將孤獨的環境發揮到極致，讓參與者不只是剩下自己，甚至連他們的感官都被剝奪。人在這種情況下會發生什麼事呢？

實驗找來了六個人，並以不同的感官剝奪方式將他們分成兩組：一組是房間完全黑暗並且隔音，以製造感官完全剝奪的效果；另外一組則是藉由配戴護目鏡、海綿袖套（剝奪手部觸覺），以及耳朵播放白噪音（固定的頻率和音調）等方式，將人的感官功能降到最低，並且讓他們單獨留在房間中四十八小時，實驗者從攝影機中觀察與記錄他們的行為。結果發現，長時間的感官剝奪會讓人沒有時間感，不知道時間已經過多久了，而且心情會煩躁不安。隨著時間過去，有人會自言自語、有人開始哭泣，這些行為表現都可以看出人的焦慮與情緒化，但最痛苦的是，會出現各種幻覺，像是看到一條蛇、聽到戰鬥機嗡嗡作響、有人抽走他的棉被等。

當然，在正常生活中，感官被剝奪或是漂流到荒島的可能性非常低，所以大家也不用太過恐慌，但是，為什麼感官的刺激對人們如此重要呢？這可能是因為人們不習慣獨處，所以總是需要外在刺激。

有研究者找了一群人，年齡由年輕到老都有，並讓這些人獨處在一個空間裡，沒有紙筆、書、手機或任何外在刺激，只要自己一個人待著就可以了。但說來簡單，實際上卻很難啊！實驗結果發現，大多數的人獨處一段時間後，表示自己無法專心，甚至覺得這不是個很好的經驗。更有趣的是，在接下來的實驗中，這些獨處的參與者有一個電擊器，會產生一個沒有危險，但會略為疼痛的電擊，這是個負面的經驗，因為正常情況下沒人會選擇電擊自己。結果發現，有超過一半的男性與四分之一的女性會在獨處時選擇電擊自己，甚至還有電上百次的。這實在太令人驚訝了，為什麼要特地電自己、讓自己不愉快呢？其中一個原因就是寧願被電也要有點刺激，不然只有一個人獨處，實在是太可怕了。

實踐妙方：獨處與人際關係

人除了難以忍受自己孤獨一個人之外，相反的，有良好且緊密人際關係的人，卻可以降低壓力造成的影響，而且此效果還能長時間的延續，幫助我們維持良好的健康狀態。只是很多人太常沉浸於外界刺激當中，由過往的書籍、電視到現今的手機、遊戲，如此不斷任由訊息輸入大腦，久了以後人們是否變得不知如何獨處了呢？從這些研究可以發現，人們實在太過於渴望有外界刺激了，已經到了即使是不好的刺激也都比沒刺激好的地步。既然從外界獲得新的刺激對於人們的身心發展很重要，那我們該如何挑選好的刺激來源呢？以下提供兩點建議：

一、**珍惜身邊的人**

維持人際關係就是最好的正面刺激，尤其是，若我們在青少年時期能擁有很好的同儕關係，對成年以後的身心健康更有正面的幫助。當遭受挫折、遇到困難時，朋友就成為自己的依靠，這樣心裡的負面情緒就會比較緩和，也比較不會被不好的事情給壓垮。同時，我們也可以主動關心身邊的人，因為當生活愈來愈忙碌，我們往往變得只在乎自己眼前的事情，但其實人與人之間都是有關係的，一句簡單的關心、舉手之勞，都可能帶給他人溫暖，社會也會變得愈來愈美好喔！

二、**練習與自己好好相處**

雖然說人們是群居的動物，擁抱寂寞與孤單不是我們的天性，但若學會如何與自己好好相處，可以幫助我們與他人建立穩固的關係，也就是學會

「自己一個人也能過得很好」。平時，可以試著給自己製造一些獨處的機會，藉由簡單的練習培養自己獨處的能力，例如：冥想、散步，或是待在咖啡廳裡享受一下午的寧靜，然後在這個過程中，聆聽自己內心的聲音並自我對話，當自己能夠自在的與自己相處，便能好好與他人共處了。

提高好感度的祕密

小明和小強在餐廳拿著食物相遇。

小明：「你好，你是剛來的轉學生吧，我是小明，我可以跟你一起坐嗎？」

小強：「沒問題啊，你好，我是小強，剛從臺北搬來。」

小明：「咦，你也點蛋包飯，我們兩個點一樣喔！」

小強：「對耶，你也喜歡吃蛋包飯嗎？我跟你說哦，我從小就特別喜歡吃蛋包飯。」

小明：「真的嗎？我也是耶！」

人們常有機會透過聊天、吃飯來認識新朋友，除了留下美好的第一印象外，能否很快的增加彼此之間的好感，重點並不在於飯好不好吃，而在於這情境中兩人的互動。除了互動以外，所吃的東西也有可能讓對方產生好感，甚至增加友好度。其實要做到這一點並不太難，只要讓對方覺得「熟悉」就可以了。但你或許會問：「我並不認識他，怎麼知道什麼事物是他熟悉的呢？」關於這點倒也不難，其實只要能夠在某些方面表現出跟對方類似，甚

至是一樣的行為，那麼就可能會有熟悉感，進而感到友好。

其中一項容易表現友好度的行為就是食物，這並不是指好吃的食物，而是表現跟對方有相同的食物偏好。

實驗：食物與友好度的關係

芝加哥大學商學院教授與他的研究團隊，為了了解食物在人際關係中到底有多大的影響力，進行了一系列實驗，想了解品嘗類似的食物是否有利於人與人之間的親密感和信任感。

其中一個實驗邀請一百七十六名彼此互不認識的參與者，隨機將他們以「投資人」、「基金經理人」的角色配對成一組。投資人會有美金三元的額度，用來決定有多少交由基金經理人代理操作，但經理人可以決定所獲得的利潤要分多少給投資人。也就是說投資人要投資多少錢，不單只是考量經理人的能力，大部分在於是否能互信，是否相信該經理人會把獲利分給投資人，否則就算賺錢也分不到，那也沒用啊！

在決定是否投資之前，他們要先按照研究人員的指示，吃下其中一種指定的糖果，可能是酸味軟糖、巧克力薄荷餅、奶油餅乾、水果軟糖，而且看得到對方是吃哪一種。同時也會評估他們在「人際親密」方面的感受，例如：你覺得你與自己的合作伙伴有多親近？你對自己的合作伙伴有多少好感？為了進一步探索，研究人員還使用自我包容量表，重疊的地方愈多，表示愈親密。

這項實驗出現有趣的結果，如果兩人是吃一樣的糖果，那投資人就會更加願意把錢交給經理人，額度明顯較高，也會覺得彼此是比較親密的，較能夠信任對方喔！

這真的太神奇了，只要跟對方吃一樣的食物就會比較有好感，而且還會比較信任對方？究竟是為什麼呢？其實我們只要想一想就可以理解，如果買東西的時候，恰巧跟另一人伸手拿同一件商品，會有什麼感覺呢？應該會覺得「英雄所見略同」吧！除了這種眼光相同的默契外，也會不知不覺的認為，這個跟你吃相同食物的人，應該也有其他地方是跟自己一樣的，既然有更多相同的點，那就是比較熟悉囉！所以，關鍵就在於吃相同的食物會讓人有「熟悉感」。

實踐妙方：創造熟悉感

其實除了食物外，還有其他方法可以創造熟悉感：

一、做出跟對方一樣的動作

佛洛伊特（Floyd, K.）和亞伯特（Erbert, L. A.）兩位學者，對於如何透過非語言方式表達友好度感到興趣，他們發現當人們在對方不知情的情況下，模仿對方的肢體動作，像是手腳擺放位置、身體方向、高度等，可以提高對方對我們的友好程度。為什麼會這樣呢？一個可能是因為當人們初見面時都是緊張的，此時若看到對方有跟自己類似的小動作，不知不覺會有種熟悉感，這樣或許就可以輕鬆一點，也比較容易拉近距離。

二、經常出現在對方面前

當某一件人、事、物頻繁的出現，人們就愈容易對它產生好感，原因可能是人們對熟悉的事物比較喜歡，而心理學家稱之為「重複曝光效應」。所以說，若想讓一個人對自己產生好感，可以試著多出現在對方面前，當對方有熟悉感後，就比較容易建立彼此的人際關係啦！但是，這個方法並不是萬無一失，它還是有一些條件限制，相關的人事物不能一開始就讓人厭惡，而且不能過度曝光，不然可是會有反效果的呢！

淚水促進情感的交流

小明：「發生什麼事了？怎麼在哭呢？」
小美：「我家的小狗好像走丟了。」
小明：「不用擔心，我陪你一起去找，一定可以找到的。」
小美：「嗚……嗚……好。」

人們通常覺得不該輕易流淚，因為這似乎是個軟弱的象徵。但其實隨著年齡的增長、經歷的事物愈來愈多元，會讓人們感到困擾無助的事情也就愈來愈多。流眼淚除了是因為難過、紓解情緒以外，還有一個功能，就是作為拉近人際關係的線索。眼淚就像一種與人互動的潤滑劑，會讓人們更清楚的理解彼此的感受與需求，有助於情感的交流。有研究發現：「我們更傾向於幫助淚流滿面的人。」

實驗：人類的眼淚

荷蘭的行為學與心理學家阿德・溫格霍伊斯（Ad Vingerhoets）是研究人類哭泣的專家，他對於「人類為何哭泣」這個問題很感興趣，因此進行了一項研究，想知道眼淚除了觸發人們的情感外，有沒有可能因此產生更多的行為呢？

研究者找來九十七名年輕女性，讓他們透過觀看人物照片來了解眼淚所帶來的影響。實驗中準備了四十張彩色的人物照，包含十四名女性和六名男性，其中一半的照片，臉上帶著明顯可見的眼淚，另一半則是用相同的人物照片，但將眼淚用修圖軟體去掉，以確保除了眼淚以外看到的都一樣。每個人都會看到十張有眼淚與十張沒有眼淚的照片，且同一個人物照只會看到其中的一組，避免評估到一個人同時流淚及不流淚的照片。

參與者坐在電腦螢幕前觀看照片，要評估照片中人物在「無助」、「友善」、「連結」、「樂於助人」四層面的程度。比如問題是：「這個人需要支持」、「這個人似乎討人喜歡」、「我感覺與這個人有情感上的聯繫」、「我傾向於問這個人是否需要得到我的任何幫助」。

結果發現，不管照片中的人長什麼模樣，只要帶有眼淚，參與者就會傾向於認為這個人顯得更無助、更友善、有更多的社交聯繫，而且會更有意願幫助他們。可見流淚不完全是軟弱，反而讓人有正面的人際觀感。但又是什麼樣的因素提升了人們的助人意願呢？交叉比對數據後發現，引起助人意願的主要原因是「無助」、「連結」兩個因素，也就是說，當人們感到對方哭泣時的無助感，並產生情感共鳴後，就會促進助人的意願。

看來眼淚不僅僅是個人情感的紓解而已，有跟沒有所表達的程度可是差很多呢！當然也不是說變成愛哭鬼最好，而是不要太過於忍住淚水、認為哭泣是不好的，適度的流淚才是最好的方式。

實踐妙方：傳遞好感不需言語

除了眼淚之外，還有沒有其他方式是可以不透過語言，便能傳遞自己的感受呢？有的，以下幾點或許會令你很意外喲！

一、快樂的汗水散發出幸福的情緒

一般人對於汗水多半會有汗臭、很悶熱的負面聯想。不過，荷蘭心理學家發現，人類在不同情緒下所產生的汗水，其所散發出的氣味也會引起他人不同的情緒反應。當人們聞到「恐懼」之下所產生的汗味時，臉部跟恐懼相關的肌肉會表現出較大的活動；聞到「快樂」汗味時，也會表現出更多與笑容相關的面部肌肉活動。雖然汗水氣味所傳遞的情緒訊息很微弱，以致於難以被察覺出來，但身體與臉部表情還是會有一些反應。因此，藉由快樂汗水的味道，是有可能在不知不覺間，將正面的情緒偷偷的傳播出去喔！

二、眼睛會說話

眼睛對於溝通非常重要，眼睛周圍的肌肉可以幫助我們表達情緒狀態，而且瞳孔的大小，也會不小心洩漏自己的想法。當你看到喜愛的人事物時，瞳孔會放大；看到厭惡的人事物時，瞳孔則會縮小。更神奇的是，當我們的瞳孔變化與對方保持一致時，可以更容易產生相互的信任感。雖然我們無法控制瞳孔變化，但它卻能作為判斷人際關係的神祕信號，所以眼神交流可是很重要的呢！

三、與對方的行為同步，有助於增加好感

人們會在不知不覺中模仿自己認同的對象，比如，當對方身體趨前時，你跟著身體趨前；當對方手托著下巴時，你跟著手托著下巴。當對方看到這些行為後，會感到自己是被認同的，也會產生莫名的好感。但是不要太過於刻意模仿對方的行為，被發現的話反而會讓對方感到不舒服。若想要做到自然的同步，可是需要一點練習的！

共享經驗，印象更深刻

小明：「與你分享的快樂，勝過獨自擁有，至今我仍深深感動……」

小美：「你幹嘛突然唱這麼老的歌啊？」

小明：「你不覺得歌詞很有意境嗎？」

小美：「會嗎？那你再唱一次。」

小明：「……」

很多人在生活中喜歡找朋友一起做事，例如：在學校時要找朋友一起吃飯、上廁所，上班後找同事一起聊天、看電影。就像是一首老歌的歌詞：「與你分享的快樂，勝過獨自擁有，至今我仍深深感動」，現實中的我們真的會如同歌詞中說的，當與他人一起經歷過的事件，就會有比較深刻的感受嗎？這是真的！根據一些研究顯示：「與他人一起體驗同樣的事情，我們所感受到的情緒會因此更加深刻。」

這是什麼意思呢？簡單來說，就是與他人關注同樣令人愉快的事情時，例如：博物館中的藝術品、電影中的一首歌，在過程中所感受的感覺會更加愉悅；相反地，經歷不愉快的事情，例如：延遲的班機、老師的訓話，感覺也會變得更加糟糕。而且，這樣的現象不只發生在親朋好友之間，即使分享的對方只是陌生人，也會產生相同的效果喔！

實驗：經驗共享

耶魯大學心理學家埃里卡・布思比（Erica Boothby）想探討這種「共享經驗」的影響。在第一個實驗中，邀請二十三名大學生來到實驗室，讓他們先跟另一位伙伴簡單認識，但實際上這位伙伴是安排好的演員。接下來他們將兩人一組同時完成指定任務兩次，參與者兩次都會被分配到「品嘗巧克力」的任務，而同組的演員伙伴則是「品嘗巧克力」與「欣賞畫冊」各一次。

在嘗過巧克力之後，參與者需評估對這兩個巧克力的喜歡程度，實際上兩個都是從同一塊百分之七十黑巧克力所取出。結果很有趣，雖然他兩次吃的巧克力是相同的，但是卻會認為有他人一起享用時的那塊巧克力，是比較美味的，而且也更喜歡一同品嘗的時刻喲！

看來即使是做一樣的事，如果有人跟你一起做，就會覺得那段時光更美好，也會對那件事有更好的評價。但這有沒有可能是因為開心的事才具有感染力呢？為了確認「共享經驗」除了增強正向的情緒外，是否也對負向情緒有相同的效果，布思比做了第二個實驗。

實驗的步驟與第一次差不多，但這次他讓參與者嘗試帶有苦味的百分之九十黑巧克力，這通常會產生令人不可口的感覺。結果發現，大家明顯比較不喜歡共享時所吃的那塊巧克力，也就是說當有人一起共享時確實會強化情緒，體驗的情緒若是好的就會更好、壞的就會更壞喔！

實踐妙方：產生情緒共鳴

當我們想到共享經驗時，通常想到的是與朋友或家人等親密的人交流或交談，但我們很少意識到，我們被周圍的人所影響的程度是如此的大，甚至是在沒有與對方交談的情況下。像是在遊樂場有很多人一起玩，就比自己一個人玩要來得開心多了。這樣的影響也不只在吃東西的時候，我們每天都有很多機會與他人接觸和互動，除了吃東西以外，包括與他人一同上課、看電影、觀看風景等。這些生活上的經驗應該也會有影響。究竟周遭的人還會如何影響我們對生活經驗的感受呢？

一、情緒被強化

芝加哥大學教授蘇雷什・拉馬納坦（Suresh Ramanathan）和安・麥吉爾（Ann L. McGill）發現，有旁人的存在會增強我們對經驗的感受。人們在觀看影片的過程中，彼此的反應有一定的連動性，進而影響自己對電影的整體評價。雖然大家的喜好反應不是每分每秒都相同，但他發現人們與旁人情緒方向是類似的，而且會在意另一人的表情是否表達了與自己相同的情感，一致的話會使得情緒更強化，甚至傾向於模仿對方的情緒反應，產生共同的情感體驗。相反地，如果對方與自己反應不同的話，也會對自己的情緒有所抑制。所以，共享經驗是個雙向影響的過程，並非一味跟隨某一方的情緒走向，不僅會直接影響我們當下的感受，還會影響我們對特定事物的總體印象。

二、獨樂樂不如眾樂樂

這句古語的意思是說，一個人欣賞音樂不如眾人一起欣賞來得快樂。過去我們總將人與人之間的交流局限於交談，但實際上，他人的表情、行為、肢體語言，甚至對方只是與你存在於同一空間，共享的經驗就會對我們有著潛移默化的影響。所以，去現場聽演唱會、看表演所獲得的感受，會比在家看影片更讓人開心又令人印象深刻。建議有機會的話，可以參與團體活動，讓自己獲得不一樣的感受。

一杯熱飲提升人際溫度

小明：「天氣冷，買了一杯熱可可給你。」

小美：「哇！你怎麼知道我想喝？」

小明：「當然囉，暖男可不是叫假的。」

小美：「哇，暖男耶～」

有時會聽到用「很溫暖」、「暖男」這樣的文字來形容人，這並不是要說這人體溫很高，而是指這個人擁有友善、樂於助人和值得信賴等正向特質。但為什麼會用「溫暖」這樣的詞來形容呢？而且在不同文化的國家裡也都有相同的概念，這或許是因為「溫暖」的物理性感受確實跟心理感受有直接關聯。心理學家勞倫斯・威廉斯（Lawrence E. Williams）與約翰・巴爾（John A. Bargh）的研究發現，物理的溫度與人們心理的感受，確實有著微妙而且強大的連結，他們發現：「當人們的身體感受到溫暖的溫度時，我們也會傾向於更信任對方，並成為一個更溫暖的人」。

實驗1：外在溫度影響內心感受

與人初次見面時，常常都是由一杯飲料開始的，但是你可知道，那杯飲料的溫度有可能會影響到人們對彼此的感受喲！乍聽之下好像不太可能，但心理學家便是利用咖啡作為媒介，作為了解溫度如何影響人們的感受。研究中邀請四十一位大學生，他們在不知情的情況下，被隨機分成「冰咖啡組」與「熱咖啡組」。實驗開始時對他們說：「測驗地點在其他的樓層，待會兒將有一位同學引導你到該地點。」但實際上移動至地點的過程正是實驗的一部分，引路的同學也是幫助實驗的演員，手上會拿著記錄板、兩本教科書，並根據組別拿著對應溫度的咖啡。

途中演員會與參與者一起乘坐電梯，並乘機詢問一些問題。在詢問的過程中會以記錄為由，請參與者暫時幫忙拿一下他手上的那杯咖啡，等寫完答案後，便將咖啡收回。所以有些人曾短暫的拿著熱咖啡、有些則是拿到冰咖啡。到了測試地點後，參與者會先閱讀一段文章，內容在描述A先生是一個很聰明、技術高超、堅定、務實、謹慎的人，然後大學生需要藉由自己對A先生的印象，填寫一份人格特質的問卷，其中包括十項人格特質，當中一半與溫度有關聯（例如：冷漠、熱情），大學生需要評估A先生符合這些特質的程度有多高。

結果發現，那些在移動過程中幫忙拿過熱咖啡的人，會較傾向認為A先生具有較高程度的溫暖特質。因此，心理學家推論短暫的冷、熱體驗，會影響人們的人際判斷，即溫暖的溫度可以讓人們更容易聯想到友善、樂於助人和值得信賴等正向的評價。但你可能會懷疑，演員會不會也受到咖啡溫度的影響，在不知不覺中，用不同方式對待大學生呢？威廉斯也有同樣的疑問，因此他進行了第二個實驗。

實驗2：溫度影響我們對他人的行為

第二個實驗以「體驗新產品」為名義，邀請五十三名參與者，而這次體驗溫度的方式，改變為短暫的持有熱敷或冷敷的治療墊。當他們體驗完熱敷墊或冷敷墊的效果後，可以選擇一個完成實驗的獎勵：一杯罐裝飲料或一張三十元的冰淇淋店禮券，他們還要決定要將這個禮物「送給親友」或是「獎勵自己」。結果發現，無論禮物類型是哪一種，體驗到冷敷墊的人會傾向把獎勵留給自己，而那些體驗到熱敷墊的參與者，則會傾向於將禮物送給親友呢！

這個研究讓我們知道身體所體驗到的溫度，不僅會影響我們對另一個人的判斷，還會影響到我們對他人的行為。這樣的現象在我們生活中也常常會看到，像是去企業參訪或是高級餐廳用餐時，一進去都會端上一杯熱茶來。這可不只是讓人止渴而已，其實是要藉由熱茶建立起正面溫暖的形象啊！

實踐妙方：利用溫度幫助自己與他人

人的心理感受是很微妙的，除了自己發自內心的感覺外，還會受到外界環境的些微因素影響，那麼我們可以怎麼利用這些現象，來幫助自己與他人呢？以下提供兩個重點：

一、孤單寂寞覺得冷

外在溫度會影響我們的內心感受，而我們的心理感受當然也會影響我們對溫度的感知囉！有時會聽到有人說「孤單寂寞覺得冷」，這可不只是個形容詞，心理學家漢斯艾澤曼（Hans IJzerman）發現，當一個人感到孤獨或被別人排擠時，體溫真的會降低，雖然體溫下降的幅度看似不大，但對身體而言卻是明顯的差異，由此可知，人際的孤單寂寞真的會讓我們的身體感覺更冷。

二、用熱飲緩和負面情緒

當感覺被排擠時，若觸摸一些溫暖的東西，比如一杯溫暖的咖啡，他們的負面情緒也會變得比較緩和。如果想幫助朋友克服負面的情緒，除了陪伴傾聽之外，也帶給他一杯熱飲，這樣不僅效果會更好，也能讓自己成為更溫暖的人！

送禮者的微妙心理

小明：「生日快樂！」

小美：「謝謝！」

小明：「趕快拆開禮物吧！」

小美：「哇！這個手機殼超可愛的！謝謝。」

小明：「哈哈，你喜歡就好，我也覺得很開心。」

相信你一定曾經有過買禮物送給親朋好友的經驗，想想當時挑禮物的心

情，腦海中是不是想著希望他收到時會很開心呢？挑選禮物時，通常都會考量哪些因素呢？每個人從小到大所許的願望，一定有一個是希望自己可以幸福快樂。而且，我們不只希望自己快樂，也會希望身邊的人都快樂。研究發現：「送禮者通常傾向挑選可以讓對方感到最有驚喜的禮物，而非帶來最大滿足感的禮物。」

實驗：送禮的心理分析

消費者行為學家愛黛兒・楊（Adelle Xue Yang）邀請了三百五十七名參與者，請他們想像自己即將參加一場婚禮，要送禮物給新郎新娘，所有人會隨機分成「送禮組」（賓客）與「收禮組」（新娘／新郎）。每個人都會看到兩套價格相同的馬克杯圖片與產品描述，其中一套為個性化的設計，上面印有新郎新娘的名字與結婚日期；另一套則是符合人體工學的設計，它能讓使用者拿取杯子時感到更舒適。看完之後，每人都寫下覺得對方會喜歡的、自己喜歡的，以及會想送的是哪一套。

結果發現，無論是送禮或收禮的人，都認為不管哪一套馬克杯滿意程度都差不多。不過送禮組卻認為，個性化的禮物比較會有驚喜，也比較傾向送個性化馬克杯作為婚禮的禮物。也就是說，送禮的人傾向送他們認為可以引起收禮者產生最大情緒反應的禮物，研究者把這個傾向稱為「尋求微笑

（Smile-Seeking）動機」。

看來我們天性是希望可以讓別人快樂的啊！不過有趣的是，這種尋求微笑的送禮動機，如果事先知道無法看到收禮者的笑容的話，這種動機就會消失。研究者做了另一個實驗，同樣是讓人選擇送實用的或是驚喜的禮物，差別在於有部分的人可以見到收禮者拆禮物，但另一部分的人則見不到。

結果發現與第一個實驗相似，送禮的人會傾向贈送驚喜禮物，不過當得知無法親眼看見收禮者的反應時，就不會特別偏好要送驚喜禮物了，也就是說尋求微笑的動機消失了。這樣想來也是很合理的，通常人們在送禮時，會特別注重見到對方拆開禮物的時刻，會尋求看到他收到禮物時的笑容，所以選禮物時，常會往這個方向去選擇，至於禮物是否帶給對方的長期滿意度，往往就不是第一優先囉！

實踐妙方：予人快樂未必要送禮

我們會希望看到對方因為自己而快樂，最常見的方法就是送禮物了，不過這種方法總是有點傷荷包，而且也常需要傷腦筋去想到底要送什麼。那麼有什麼方式可以不花大錢，也可以讓對方感到快樂呢？以下提供三點建議：

一、寫一封感謝的信

雖然我們常常開口說謝謝，但這往往只是禮貌上而已，並不是真的由衷感謝。但是，心理學家阿米特・庫馬爾（Amit Kumar）發現，人們在收到一封感謝的信件後，會有大大的驚喜與快樂感，而且可能遠遠超過我們的預期。千萬不要因為擔心自己的行為會被對方誤解成有什麼奇怪目的，而吝嗇於表達感激，這樣真的很可惜啊！寫信的內容可以包括：想要感謝對方的原因、對方曾經為自己做過哪些事情、對方做的這些事情如何影響自己的生命等等。

二、自己動手做禮物

除了寫感謝的話以外，也可以嘗試自己動手做小卡片、小蛋糕之類的生日禮物。很多人可能會想，自己並不是專家，做出來的禮物會不太好看，對方可能不會喜歡。但是，收禮者最注重的其實是送禮者的「心意」，想到對方願意花時間做禮物給自己，就讓人很驚喜與感動啊！所以囉，不見得要花大錢，自己動手做也可以給其他人大大的快樂啊！

三、將快樂散播出去

快樂具有強大的感染力，而快樂的人也較善於交際、有創造力，也更會幫助他人。因此，若能藉由提升自我的快樂，也就能使他人心情更加愉悅囉！你可以透過分享自己的感受、思維來感染身旁的人，對方可能在談話的過程中得到不一樣的啟發，心情在不知不覺中也就漸漸變好了呢！

快樂使用社群媒體

小美：「嘿，我們來拍張照打卡一下吧！」

小明：「等等，先不要吃，讓我拍張照上傳IG。」

小美：「你來看看這個抖音，好好笑喔！」

你身邊有沒有這類平常就很喜歡拿著相機自拍、記錄生活，並且把照片上傳臉書或Instagram的朋友呢？隨著社群媒體的流行，人們愈來愈容易與他人分享自己的生活，追蹤與評論成為另一種維持友誼的方式，同時藉由上傳

照片與影片，我們也正在塑造自己的個人形象。不過也有人說花太多時間關注網路社群會減少真實的互動，反而會使人際關係有所減損，而且可能也會有太過於自戀的傾向。

那麼到底要怎麼做才能取其利而避其害呢？不妨先想想看，自己通常會在 Instagram 或抖音上發布什麼樣的照片或影片呢？分享照片後的心情又是如何？別人看到照片後有什麼感覺嗎？有研究發現：分享讓自己或他人開心的照片，特別能夠獲得正向情緒呢！

實驗：分享照片vs.情緒關係

資訊科學家陳瑜（Yu Chen）想知道自拍及分享照片，對人們的心情是否有正面的影響。她邀請四十一名參與者進行為期一個月的研究。在研究過程中，所有人都維持原本的日常活動，像是上課、運動，與朋友聚會等。在研究的第一週，每個人都要透過專為研究設計的手機APP，每天在特定的三個時間點回報當下情緒的好壞，並每天早晚填寫問卷，記錄影響他們一天情緒的重大事件。到了第二週後，除了定時回報心情狀況外，所有人會被隨機分成三組：自拍組、個人組、他人組。自拍組被要求每天拍攝一張帶有笑容的自拍；個人組被要求每天拍攝一個讓自己感到高興的事物；他人組則被要求每天拍攝一張自己認為可以帶給他人快樂的事物，並傳送給對方。

一個月後發現，這三組參與者的好情緒都有明顯增加。除此之外，自拍組的人認為自己的微笑變得更有自信也更自然；個人組的人表示，拍攝使自己快樂的事物，讓他們變得更懂得反思和欣賞；而拍攝使他人開心的照片，讓自己與親朋好友的關係變得更好，有助於緩解生活中的壓力。

看來重點不只是要拍照上傳，而是在拍照的當下心裡的主題是什麼。這個研究中的主題，是透過分享照片來分享快樂和喜悅，而且有意思的是，如果是站在他人角度著想，拍些讓別人快樂的主題並分享給他人，這種看來是「利他」的行為，也可以讓自己變快樂呢！

但是，一直拚命上傳照片與人分享，這樣就會更快樂嗎？確實國外有一些研究發現，青少年使用社群媒體與憂鬱情況有關，社群媒體使用愈頻繁，憂鬱程度愈高，但這跟前述的研究相比，差別在哪裡呢？因為，分享的「心態」是很重要的關鍵，當你分享的心情是單純跟朋友分享喜悅，或是希望讓朋友可以開心時，這種就比較能夠讓自己開心。但如果目的是希望受到別人的關注，則會不自主的頻繁去看有沒有人喜歡或留言，那就會有患得患失的心態，失去了自在生活的心情，就比較會出現不好的情緒囉！

實踐妙方：社群媒體之快樂使用法

雖然我們很常看到媒體報導關於使用科技、社交媒體所產生的負面影響，但這個研究讓我們知道，科技是一體兩面的，只要適當應用科技的功能，還是能為自己帶來正面影響。那麼要怎麼做呢？以下提供幾點建議：

一、注意網路使用時間

「水能載舟、亦能覆舟」這句話挺能用來代表網路與社群媒體，現在已經出現類似網路成癮的問題，其中一個原因就是過於習慣接受網路所帶來的刺激與便利，自然會覺得生活中的感受過於平淡。所以注意使用的時間是很重要的，必須要有足夠的真實生活體驗與人際互動才行。

二、關注生活周遭的朋友

雖然透過網路可以輕易跟身處異地的人互動，可以有天涯若比鄰的效果。但別忘了真實生活中，天天接觸到的還是周遭的親朋好友啊！關心一下同學、鄰居的情況，主動開口聊聊，將會發現有很多情感交流喔！

三、注重生活中的互動與交流

透過網路只能以文字或影像的方式互動，但人與人之間的交流並不只是如此，有更多是肢體、行為上的細微表達，而這些人際之間的互動是需要體驗與練習的。因此，注重數位生活的朋友，真實生活中的互動，也是充滿趣味的哦！

想要變得快樂，拍照與分享只是其中一種執行的方式，重點是我們能否掌握其背後的原則。若可以把握住上面幾個要點，那麼就可以讓網路社群變成豐富生活、提高幸福感的好幫手囉！

上網使人更孤獨

小明：「你怎麼又在用IG了？」
小美：「你還不是一樣，每天滑臉書。」
小明：「我哪有？我只是下課打發時間一下。」
小美：「我也只有發個限時動態而已啊！」
小明：「真是的，難怪你都不關心我。」

很多人每天一早睜開眼後做的第一件事情不是刷牙、洗臉或上廁所，而是拿起手機確認臉書或IG有沒有新的通知，然後躺在床上滑個至少十分鐘才想起床。當科技開始完全融入人們的生活，甚至創造出新的人際互動模式時，它的影響會不知不覺的影響每個人的生活型態，甚至影響到心情。請試著回想，你多久會發一次貼文或是限時動態呢？你每天花在社群媒體上的時間有多少呢？社群媒體似乎已經變成我們建立關係、形成自我認同、表達自我跟學習的空間，我們又該如何應對它為我們帶來的影響呢？

近年來，有愈來愈多研究顯示，社群媒體的使用可能對人們有負面的影響，而賓州大學心

理學家梅利莎蓙・亨特（Melissa G. Hunt）首次根據實驗數據進行更加全面的研究，結果發現：「使用社群媒體，有可能會降低人們的幸福感」。

實驗：社群媒體與幸福感

梅利莎蓙與她的研究團隊利用最受大學生喜愛的三個社群媒體——Facebook、Snapchat 和 Instagram 作為研究工具，以了解社群媒體的使用行為對幸福感的影響。研究者邀請一百四十三名參與者，在實驗正式開始前，每個人都會先完成有關情緒和幸福感的問卷調查，以及分享自己過去一週使用社群媒體的情況。然後他們將隨機被分成正常組與限制組，正常組會維持自己原來的社群媒體使用模式，而限制組則是每天只能使用上述的社群媒體各十分鐘。

在接下來的三週內，研究者會透過相關的APP蒐集每個人的使用情況，同時也會持續調查參與者的心理狀況，包括：害怕錯過的擔憂感、焦慮、抑鬱和孤獨等。結果發現，限制組的憂鬱程度和孤獨感顯著降低，而且對於那些憂鬱程度本來就較高的參與者尤其明顯。同時也發現，正常組與限制組的焦慮感、猶恐錯過的擔憂感都有顯著的下降，研究者認為這可能是因為在過程中，參與者需要管理自己的行為舉止，進而帶來正面的影響。

但是，這結果並不表示應該完全禁止使用社群媒體，而是說明了限制社群媒體的使用時間並不會帶來傷害，反而會有好處。為什麼減少社群媒體的使用會讓人感到沒那麼孤獨呢？研究者進一步挖掘原因，檢視過去的資料時發現，可能是因為社群媒體常會出現大量的、比較性的社會關係。什麼意思呢？在Instagram上追蹤其他人的生活時，看著朋友們出遊、大啖美食的照片，可能因此產生比較、嫉妒的情緒，覺得其他人的生活比自己的生活更好、更精采，如此一來，就有可能因為被比下去而導致不開心囉！

實踐妙方：如何善用社群媒體？

若要現代的年輕人完全不使用社群媒體，應該是不可能的。既然我們無法避免使用社群媒體，那麼我們該怎麼樣聰明的使用呢？以下提供三點建議：

一、減少社會比較的機會

在社群媒體上，人們的發文多半是分享開心的事，比較少人會貼出自己很悲慘的時候。因此，我們應該要了解真實生活與社群媒體的差異，同時培養自己辨別是非、真假的能力。當你開始不再汲汲營營追蹤他人的生活，或是觀看那些聳動標題的文章時，你會發現，自己已經花了更多的時間在更有價值的事情上。

二、有限制的使用社群媒體

貼文一篇一篇的滑，影片一則一則的看，一小時很容易就這樣悄悄溜走了，不僅耗費時間還可能讓你產生負面的情緒。不妨試著下載一些APP來限制自己使用社群媒體的時間，建議時間是每天三十分鐘。若你是社群媒體重度使用者，也可以從觀察自己的使用習慣開始，有規律的記錄自己使用手機軟體的時間分配。有意識的使用社群媒體，也有助於自己不盲目的接收資訊。

三、多多觀察生活周遭的事物

其實在生活周遭也有許多有意思的事情，只是需要去發現而已。與其一直看著別人的生活，不如多多專注自己的生活，從環境與人際關係開始著手，找找周遭是不是有什麼特別有意思的事情發生。開始做了之後就會發現，生活中其實充滿著趣味呢！

正向評價他人，反映正向人格

小明：「你覺得阿傑是一個什麼樣的人啊？」

小美：「嗯，我覺得他很善良、見義勇為，每次朋友有什麼需要幫忙，他都會盡力而為。」

小明：「我也覺得妳很善良耶，每次我捉弄妳，妳都原諒我，哈哈！」

小美：「我這叫大人有大量，是成熟！」

小明：「是是是，妳說的都對！」

在學生時期，我們除了在意課業表現之外，建立人際關係更是生活的一大重心，日常話題也圍繞在朋友之間發生的大小事。過程中不免會八卦、評價他人，表達自己對他人的看法。不過大家通常怎麼評價他人呢？比較會關注別人的缺點還是優點呢？你的家人、朋友曾經說過你的言詞充滿負面的批評和抱怨嗎？我們在評價別人的同時，可能已經透露出自己的個性了喔！有研究發現：「你對他人的看法，反映了你自己的個性」。

實驗：言談內容與人格特質的關係

心理學家達斯汀・伍德（Dustin Wood）很好奇一個人的言談內容，和他本身的人格特質是否有關聯，他邀請一百六十五位大學生，這些人都是五個人為一組報名，彼此認識至少三年以上，關係可能是同學、室友、社團成員。研究會以一組為單位進行，請他們進入實驗室填寫相關的問卷來評價彼此。每個參與者需要填寫人格量表，評估在場的每個朋友，以及自己在不同個性特質上的符合程度，其中包括：親和性、勤勉正直性、外向性、經驗開放性與神經質等面向，但在同一項目上需要給自己、成員不同的分數。另外，每位參與者也要填寫關於憂鬱傾向、自戀人格等問卷。

結果發現，人們對於他人的評價與自身性格之間，存在特別強烈的關聯，以正向方式描述他人的傾向，是評估人們正向特質的重要指標。意思是說，如果你傾向評價他人熱心、快樂、善良、彬彬有禮、情緒穩定等，這代表你也很有可能擁有這些正向的特質。而且研究者還發現，你愈正向的看待其他人，就代表你對自己的生活愈滿意，而且愈受他人喜愛。相反地，若一個人傾向以負面眼光看待他人，自身的人格特質也會比較負面，像是更高水平的自戀人格和反社會行為，憂鬱的可能性也更大。

有意思的是，研究者持續追蹤參與這個研究的學生，一年之後請他們重新填寫類似的問卷調查。結果發現，無論是參與者的個性本身、或他們對別人評價的正負程度，都跟一年前差不多。這代表人們傾向以正面或負面的眼光去看待他人，是一種高度穩定的特質，不會隨著時間的推移而發生重大的變化。

實踐妙方：培養正面特質

既然我們對他人的看法反映出自己的人格特質，甚至影響我們對生活的滿意程度，以及影響他人對我們的看法，那麼我們該怎麼做，才能幫助自己培養正面特質，擁有良好的人際關係呢？以下提供幾個建議：

一、欣賞他人好的一面

我們常說「多看他人的優點，少看他人的缺點」，現在看來似乎有點道理了。其實每個人都有好與不好的一面，我們可以嘗試多關注他人的優點並讚美他人，不僅能讓對方感到快樂，同時也可以培養自身的正向特質，何樂而不為呢？在生活中，甚至可以從自己最看不順眼的人開始練習起，把找出對方有趣或是令你欣賞的事情，作為每天的小挑戰，讓自己可以用正向的視角去看待他人。

二、減少負面批評的言語，進而讚美他人

如果你覺察到自己在談論事情時，總是喜歡檢討別人的行為或言論，可以試著有意識的減少負面批評的言語，先試著以客觀理性的方式去描述事情。慢慢地，再嘗試培養讚美他人的習慣，當我們這麼做的時候，對方下次一定也會很樂意讚美我們，反過來讓我們對自己更有自信，心情也更愉悅。

三、把悲傷寫下來

有時候我們會說出負面的字眼，是因為生活中碰到一些挫折的關係。偶爾抱怨一下可以讓我們釋放情緒，不用一直忍住。此時可以試著將自己的感覺寫下來，你會發現情緒會慢慢冷靜下來，因為書寫有助於聚焦問題，讓人們更加了解發生了什麼事，還有如何去處理問題。

自己動手做的魔幻力量

小明：你看，這是我新買的模型機器人玩具，很棒吧！

小美：看起來是不錯，但應該會花很多時間組裝吧？為什麼不直接買組裝好的機器人呢？而且有些地方顏色塗起來沒有很一致耶！

小明：哎呀，用買的就不好玩啦，就是要自己做才更好玩！更有價值！

有不少人喜歡自己動手組裝東西，小從模型玩具、大到家具甚至房屋裝潢都要自己來。其實DIY是一件很耗費精力的事情，過程中不僅要選購材料、處理運送問題，回到家後還要自己完成組裝。除了花費大量時間外，做完後還不見得比買現成的好看，價錢更不見得會便宜，但還是有一堆人樂此不疲，這是什麼道理呢？

心理學家丹尼爾・莫瓊（Daniel Mochon）及丹・艾瑞利（Dan Ariely）對這個現象感到非常好奇，於是他們在二〇一一年做了一個研究，來了解「自己動手做」到底有什麼魔力，竟讓人們如此著迷。

實驗：自己的作品價更高？

研究者請來五十二位大學生並隨機分成兩組，其中一組會拿到IKEA所販售的收納箱組裝材料，並且被要求將收納箱組裝起來；另外一組則是拿到相同款式，但已經組裝好的收納箱。接著會詢問所有人，看他們有多喜歡這個箱子，以及願意花多少錢買這個箱子。結果發現，那些自己動手將箱子組裝起來的大學生，更喜歡這個收納箱，並且願意花更多錢購買它。

但這樣的結果只適用於IKEA的商品嗎？為了解開這個疑惑，研究者又邀請了一〇六位大學生，將他們分成三組。第一組是沒有學過如何摺紙的學生，他們會拿到相關的說明書和一些材料，並被要求照著說明書摺出紙鶴和紙青蛙，摺好之後問他們：願意花多少錢買自己的作品？當第一組學生都估好價之後就請他們離開。然後請第二組沒有摺紙的學生來看看第一組作品，並詢問他們願意花多少錢買這些作品。最後，再給第三組學生看專業摺紙高手的作品，同時問他們願意花多少錢買這些專業作品。

可想而知，沒學過摺紙的學生所做出來的作品當然不太好看，跟專業作品比起來還真有點醜，但結果卻發現：那些動手摺紙的學生都願意用較高的價錢買自己的作品，有的出價甚至還不亞於專業作品的估價。由此可知，就算不是IKEA的商品，只要是親手完成的東西，即使只是一隻平凡的紙鶴，我們對於它的喜愛程度也會大大提升，並為自己感到驕傲！但研究者也提醒，不只是要自己動手做，還要完成它，這樣價值才會完全展現出來。

實踐妙方：手工藝有助於改變自己

這種「自己動手做」的魔力並不只存在於日常生活中，只要好好利用，簡單的手工藝還可能大大的改變一個人喔！

一、烘焙可以提升自信心

心理治療師安妮・麥凱（Anne McKay）和萊斯利・海利（Lesley Haley）曾讓精神病患者參加烘焙治療的課程，他們發現病人在烘焙的過程中，變得比較有自信心與意義感，也開始跟廚房周圍的人有互動。治療師推測有效的原因，可能是烹飪牽涉到思考與手作，讓人們可以更專注而不容易有負面的想法，同時，與他人分享自己的料理，也有助於正面情緒的產生。

二、透過「有目的的活動」來提升身心健康

動手做，最主要的目標是幫助病人恢復一定的生活自主能力，常見的活動有：手工藝、舞蹈、繪畫、烹飪等等。美國已經有愈來愈多的精神疾病治療中心，提供烹飪相關的職能治療課程，這對精神病患者來說，除了恢復生活自理能力外，也可以學習做一些對健康有益的清淡料理，因為精神病患常有過重的現象。臺灣其實也有類似的治療機構，其中最為人所知的就是喜憨

兒烘焙坊。過去許多人購買喜憨兒的產品可能是因為同情，但因為嚴格衛生要求，他們開始統一穿上白色的制服，追求專業的服務，以及美味的產品，漸漸也扭轉大眾的印象，讓喜憨兒在烘焙的過程中重拾自信，並發現自己存在的價值。

現在知道「自己動手做」有多大的魔力了吧！不僅可以提升物品的價值，還能讓人重拾自信心。所以有時候不妨多嘗試讓雙手動一動，自己製造、甚至創造一些事物出來，不管是組裝生活用具、烹飪或是畫畫，都可以讓你更珍惜身邊的物品，或許也會發現到屬於自己獨一無二的小樂趣喔！

冒險家的心靈

小美：「你昨天有看超馬好手的專訪嗎？」

小明：「有啊！他可是我的偶像呢！」

小美：「那有什麼讓你印象深刻的內容嗎？」

小明：「當然啦，他說『我的信仰是大自然』的時候，我覺得超帥的！」

小美：「哈哈，對啊，但我有點好奇他為什麼會有這樣的想法，大自然不就在周遭嗎？」

這幾年路跑在臺灣很風行，每個月都有數場賽事在不同地點舉行。但在城市跑上四十二公里的馬拉松其實並不是最難的，畢竟多半都是平坦的柏油路，而且路面的高低起伏不會太大。還有一種超級馬拉松，要跑沙漠、南極等險惡環境，全程數百公里、賽事長達數十天。選手在這類運動的過程中，必須忍受極端氣候所帶來的生理不適，還要對抗孤獨、恐懼等不安的心理因素，甚至面臨死亡的威脅。

實驗：極限運動對心境的影響

世界上有許多熱衷於這類極限運動的選手，都選擇挑戰這樣未知的恐懼。然而究竟是什麼原因，讓他們願意冒著如此巨大的風險呢？好好待在家裡吹冷氣不是很好嗎？或者在城市中也比較好跑呀！難道在經歷冒險之後，會帶來一些獨特的心理感受或心靈上的提升嗎？是的！一項研究結果顯示：「當人們有機會透過極限運動來面臨死亡與恐懼時，將會變得更加謙卑、有勇氣，並崇敬大自然。」

二〇〇九年心理學家埃里克・布萊莫（Erik Brymer）與他的團隊，很好奇這些參與危險活動的人，是否展現出與眾不同的個性特徵。他們找了十五位來自歐洲、澳洲、美國等地，年齡介於三十至七十歲的業餘極限運動選手，其中擅長的項目有：定點跳傘（BASE jumping）、大浪沖浪、極限滑雪、急流泛舟、極限登山、無繩索攀岩等，都是需要在野外、而且有點危險性的運動。

研究者透過一對一面談或是電話的方式，針對他們在極限運動的過程進行深入討論，例如：「你覺得極限運動為你帶來什麼樣的體驗？」經過一系列的問題之後，研究者會將訪談以文字記錄下來，然後抽絲剝繭當中的內容，找尋他們之間的共通點。除此之外，研究者也尋找了相關的影像或是書籍資訊，進一步了解極限運動者的心理狀態。

結果發現，從參與者的訪談中，可以歸納出一些相同經驗，例如：他們都學習到「勇氣」或「謙卑」的概念，或是對於自己的生命有了不同的看法。例如：「急流泛舟改變我的生命，它教會我認清自己是誰」、「這個過程就是在學習如何完全融入你所身處的環境」、「我被改變了，我發現自己變得更感恩，也更有耐心」。

這樣的研究結果，打破了外界對極限運動員的刻板印象，一般人可能認為他們都只有強健的體能，卻將自己投身在不必要的危險中。但事實上這些人除了身體外，在心靈上也獲得了強化，同時比一般人有更強健的心靈，參與極限運動反而讓他們更懂得勇氣與謙卑。

實現妙方：踏出冒險的第一步

不過，極限運動畢竟不是每個人都可以進行的，而且人們大部分時間還是在正常環境下生活的。那麼，如果你想在未來的某一段時間來一場挑戰自己的大冒險，有沒有什麼事情是可以從現在開始準備的呢？以下提供兩點建議：

一、冒險所需具備的心理特質

丹麥心理學家安德斯・卡吉爾加德（Anders Kjærgaard）發現，那些需要長期堅守格陵蘭島邊界的軍人，擁有勇敢、自我學習、高開放性等共同的人格特質，同時他也發現，適當溝通對團隊的重要性，包括他們對彼此合作的期望與個人目標。因此，培養自己能夠自我學習、高開放性與溝通能力等能力，有助於對抗冒險時可能會出現的風險，也才能應付瞬息萬變的環境喔！所以，不要再等老師或父母跟你說要學什麼了，自己主動找到感興趣的事物並且投入學習，這樣才真的可以處變不驚啊！

二、走出自己的舒適圈

若你真的有心，其實只是踏出自己的舒適圈，去探索新的領域或環境，其實也都算是一種小小的冒險。像是學習一項新的運動、自助旅行、參加路跑等，讓自己經歷愈多不熟悉的事物，就愈能夠找到自己的強項與熱情，這也有助於未來的生涯規劃。至於人們為何要一直探索，有可能是因為不斷保持前進與好奇心是人類的天性，但不論你未來想去滑雪還是去登山，都要對大自然存有敬畏之心，記得安全第一喔！

寓言故事可以教化人心？

小明：「我跟你說，我昨天抽到防彈少年團的演唱會門票喔！」

小美：「真的假的？怎麼抽？我也要抽！」

小明：「哈哈哈！騙你的啦！」

小美：「可惡！我就知道！小心鼻子變長！」

小明：「哼，我才不怕哩！」

為什麼小美會警告小明：「小心鼻子變長」呢？相信大家都知道這個

典故是出自《小木偶皮諾丘》，小木偶最著名的一個特點，就是當他撒謊的時候，他的鼻子會變長，故事的寓意是希望小讀者做一個誠實、善良的好孩子。故事，一直在人類社會中發揮著重要作用，不論是娛樂抑或當作教育的工具，可以幫助孩童學到生活相關的重要概念，以及道德價值觀（例如：誠實）。你小時候一定也聽過很多寓言故事，最令你印象深刻的是哪一個呢？有領會出當中的寓意嗎？你認為故事真的可以促進兒童的道德感嗎？有研究發現：「經典道德故事，不一定可以促進兒童的誠實喔」！

請你試想一下：如果你想透過故事來養成孩子「誠實」的美德，那麼下列哪個故事會比較有效呢？

一、《龜兔賽跑》　二、《放羊的孩子》

三、《華盛頓砍倒櫻桃樹》　四、《小木偶皮諾丘》

實驗：經典道德故事能教導孩子「誠實」嗎？

心理學家維多利亞・塔爾瓦爾（Victoria Talwar）想知道，經典道德故事是不是真的可以促進兒童的誠實，因此，她邀請二百六十八位三～七歲的孩童，然後透過誘惑抵抗任務，來製造一個讓孩童有可能說謊的情境。實驗過程是這樣的：研究者會與孩童玩猜謎遊戲，孩童被要求背對著小桌子坐著，如此一來他們就看不到桌子上的東西。坐在桌子另一側的研究者，則會按下玩具的按鈕，使其發出與玩具本身相關的聲音（例如：發出貓叫聲的貓玩偶），聽完聲音後，孩童需要猜出這是什麼玩具。重複幾次之後，研究者會告訴孩童：「我有一本故事書很想念給你聽，但我放在車上了，你等我一下，我去拿。」

在離開現場去取回故事書之前，研究者在桌子上放置了一個新玩具，並告訴孩子在他離開期間，不可以轉身偷看玩具。但其實很多孩子都會為了想要知道答案而偷看玩具，研究者回來後就會先跟他們說一個故事，來談誠實的重要性。這些孩子被隨機分配聽到不同的故事，當中包括《龜兔賽跑》、《小木偶皮諾丘》、《華盛頓砍倒櫻桃樹》跟《放羊的孩子》。說完故事後，研究者會與孩童們探討故事中的關鍵情節，以確保他們掌握故事的基本要素，然後研究者會對孩童說：「我會問你一個問題，我希望你告訴我實話，可以嗎？」當孩童表示同意說出真話後，研究者就問孩童：「當我離開房間時，你有轉過身偷看玩具嗎？」

結果發現，《放羊的孩子》跟《小木偶皮諾丘》都沒有用，只有《華盛頓砍倒櫻桃樹》的故事比較能讓孩子不說謊。為什麼呢？因為放羊的孩子跟小木偶這兩個故事，都是在強調說謊會帶來不好的結果，但華盛頓的故事卻是強調誠實帶來的好結果。也就是說，當孩童知道什麼樣的好行為可以有正向的回饋，他們會比較願意做出相同行為。研究者為了確認這點，還做了第二個實驗，把華盛頓的故事改成負面結果，就說華盛頓說謊後被爸爸發現，然後把斧頭拿走，結果負面華盛頓的故事確實無法讓孩子變得較誠實。

實踐妙方：威脅的反效果

一直以來，很多父母的教養方式，都傾向於強調壞行為的不良後果，用來威脅、產生恐懼的方式，來減少孩子壞行為的發生，但這個研究讓我們知道，強調好行為所帶來的正向回饋，才是更有效的教育方式。除了變得誠實之外，正向回饋還能帶給我們哪些好處呢？以下是其中兩點：

一、提高自我控制的能力

當你在對抗生活中的誘惑時，可以多提醒自己關注在好行為所帶來的好處，以幫助自己克服誘惑。例如：想吃消夜的時候，提醒自己不吃的話，身體會變得更健康；想要偷懶時，提醒自己專注，當下才能爭取更多的時間。如此一來，不但培養了好行為，還提升了自我控制能力喔！

二、培養成長型思維

擁有成長型思維的人，相信自己可以透過不斷努力來提升自己的能力，擴展自己的極限。培養成長型思維的一種方式，就是透過正向提問來讓人們反思，自己在任務的過程中投入或展現了些什麼。例如：「你用了什麼方法來幫助自己表現得比上一次更好呢？」、「面對這次的挑戰，你是如何堅持下去而沒有放棄的呢？」

怎樣花錢最快樂？

小明：「恭喜發財，紅包拿來！」

小美：「哈哈，你才要給我哩！」

小明：「你收了紅包打算去買什麼東西嗎？」

小美：「沒想過，因為我都交給爸媽保管。那你要去買什麼啊？」

小明：「我也還沒確定，想買電玩但又怕一下子就玩膩了不划算。」

小美：「好像不管買什麼東西，都會很快就失去樂趣了耶！」

過完年會收到壓歲錢，有些人會交給爸爸媽媽拿去銀行存起來，為未來做準備；也有些人會選擇買自己喜歡的東西，享受物質帶來的愉悅感。花錢的方式有百百種，但如果以特定的目標來設想，要如何利用這些金錢，才會讓自己比較快樂呢？這是個很有意思的問題，問不同人可能會有不一樣的答案。不過有研究顯示，多數人都會有同一個感受，那就是「與花錢買物品相比，花錢買體驗會令人感到更快樂」。

什麼叫買體驗呢？簡單來說，就是你花了金錢，主要獲得的是實際經歷而不是實質物品。舉幾個例子來說：買門票到遊樂場玩雲霄飛車、跟同學一起去班遊、繳報名費參加路跑等，都算是買體驗的消費。

為什麼這些經驗會比買東西更讓人覺得快樂呢？部分的原因在於「人在體驗裡更能與別人交流」。因為我們花錢買的物品通常只能自己享用，就好像新買了衣服，當然是自己穿，然而體驗卻是讓我們跟別人共度一段特別經驗，一同體驗就會感到比較開心，即使對方是你不認識的陌生人。比如坐雲霄飛車的時候，感受到旁邊的人會跟你一起尖叫，結束後還會聽到不同的人紛紛在講剛剛下墜時有多刺激。但如果整臺雲霄飛車就只有你一個人搭，結束後也只有你一個人默默的走出來，是不是感覺就沒那麼刺激有趣了呢？

實驗：買體驗 vs. 買物品

除了前述原因之外，還有一個原因是「買體驗比買物品更有故事可以跟別人分享」，有研究者曾經做了一個實驗，將陌生人兩兩分成一組，請他們討論花錢買過什麼讓自己開心。結果發現：討論買體驗的人聊得比較愉快，甚至比討論買物品的組更喜歡一起聊天。這想來也很合理，當你跟人聊到過去旅遊的經驗時，自然會有許多記憶與體驗可以聊，而且會愈講愈開心。

去體驗不同的事物，除了讓人更開心之外，喜歡買體驗的人也比買物品的人，更能夠了解自己的性格。這是什麼意思呢？心理學家崔維斯・卡特（Travis Carter）與湯姆・基羅維奇（Tom Gilovich）做了一個研究，他們請大學生回想自己

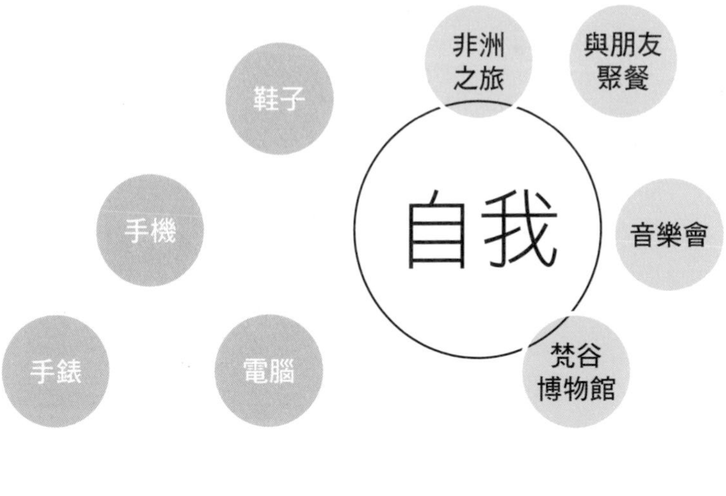

曾經買過的物品和體驗，並各列出四項。接著發下一張紙，紙上有個代表自我的圓圈，請他們把買過的物品和體驗，各用一個圈圈代表，同時按照這些事物能彰顯自己的程度，決定它們離自我圓圈的遠近（如前頁圖）。

花錢所買的體驗會洩漏每個人的個性與想法，認為去聽音樂會、參觀博物館等經驗比花錢買手錶、電腦更快樂，也更能凸顯自己是什麼樣的人。你不妨試看看這個方法，進一步了解自己是個什麼樣的人。

實踐妙方：聰明的消費方式

既然金錢的使用方式會與我們的快樂息息相關，那當然就要學習如何聰明的花錢囉，以下提供兩點建議：

一、最能帶來滿足感的體驗類型

儘管體驗種類很多而且因人而異，但心理學家發現，能讓人感到最快樂的體驗大致有三個標準：第一，能與他人互動，培養人與人之間的認同感。例如：參加路跑時，與其他參賽者一起加油打氣，跑完所有的路程，過程中還可能結交新朋友；第二，日後會一說再說的難忘經歷。例如看了心目中偶像的演唱會，留下美好回憶，讓你很想跟朋友分享當下的感動；第三，與自我期許息息相關。例如：自己想成為音樂家，所以花錢去學鋼琴。這三種類型的體驗又會帶來超值的感覺。

二、常懷感恩心

雖然買體驗似乎比買物品更可以讓人開心，但這也不代表買物品就不會開心。心理學家詹姆士・羅伯茨博士發現，一個對生活常懷感恩心的人，並不會因為對物質的追求而覺得不滿意，因為感恩的人較容易覺得，獲得任何物品都有來自於他人與外在的幫助，這就感受到與他人的連結了。但如果是重視物質生活的人感恩程度很低的話，那麼他對生活就很容易不滿，常常抱怨連連囉。看來並不是追求物質就會讓人不快樂，最重要的還是自己的心態。

所以，如果有機會選擇金錢的使用時，除了買一些必須使用的物品外，可以考慮做一些體驗式消費，讓自己成長同時更快樂。除此之外有顆感恩的心也是很重要的，要知道所有東西都得來不易，是許多人的幫忙才能夠擁有，珍惜才能發現生活的美好，也更能真正「買」到快樂哦！

讓夢想成真的訣竅

小美：「你有什麼夢想嗎？」

小明：「當然有呀！我想要在我三十歲以前去二十個不同的國家。」

小美：「聽起來好酷喔！那你想過要怎麼實現了嗎？」

小明：「呃……我沒有錢買機票，也有點害怕坐飛機。」

小美：「嗯，有夢最美嘛！還是有機會的。」

小明：「你人真好。現實真殘酷！」

面對未來我們有很多的夢想，有人想要環遊世界，有人想要改變世界，有人想要征服世界，那你的夢想呢？找到自己的夢想其實不難，如何實現夢想才是真正的考驗，若你沒有展開行動實踐夢想，夢想最終只能變成幻想。但說來簡單，要實現目標並不容易，那麼除了要做好規劃外，還有什麼可以讓目標更容易實現呢？有的，那就是要先去預想：在實現的過程中會出現什麼阻礙？有研究就發現：「預想築夢過程中可能遇到的阻礙，有助於人們為夢想開始付諸實踐」。

實驗：「WOOP」正向思考法

怎麼樣才能從夢想者變成行動者呢？心理學家加布里埃萊・歐廷珍

（Gabriele Oettingen）提出了一個心智對比「WOOP」正向思考法，其中的W是Wish（願望），O是Outcome（結果）、O是Obstacle（障礙）、P是Plan（計畫），它是一種有順序的思考邏輯。首先，確立自己的願望或目標後，接著去想像完成願望後的美好場景，讓自己先對目標產生希望感。但接著必須回頭思考，可能有哪些因素會阻礙自己完成夢想，然後提出有效的解決方案來克服這些困難。舉例來說，有人的願望（W）是騎腳踏車環島旅行，成功環島後會受到同學英雄式地歡迎（O），但在環島當中體力太差可能會是個障礙（O），導致無法堅持下去而失敗，所以這個障礙的計畫（P）就是找朋友一起開始培養運動習慣，鍛鍊自己的體力。

這樣的思考法並不只是說說而已，而是透過驗證發現真的有效。研究者邀請一百六十八名大學生，請他們寫出自己在人際關係方面最重要的願望或憂慮，然後評估自己願望實現的可能性有多大。每一個學生需要寫下四組與正向未來有關的關鍵字，例如：「有更多時間與對方相處」、「感覺被愛」，以及四組與該願望相關的障礙，例如：「太害羞」、「太情緒化」。把所有人隨機分成四組：「心智對比組」要想像兩組正向未來的關鍵字，以及兩組負面現實的關鍵字，也就是說好的壞的都要想；「超級樂觀組」只需去想與「實現願望」有關的四組關鍵字；「超級悲觀組」則只要去想與「阻撓願望」的現實有關的四組關鍵字；「逆向對比組」則是先想像負向現實的關鍵字，接著再想像正向未來的關鍵字。

做完之後，研究者會請參與者再去思考自己的人際關係願望或是憂慮，然後評估自己覺得精力有多充沛、活力有多強。實驗過後兩週再去調查每個人採取了哪些行動去實現願望、遇到哪些困難，以及他們採取這些行動的確切時間。

結果發現，並非所有「心智對比組」的學生都變得更有動力去完成願望，只有一部分學生覺得自己變得更有精力，而且立刻採取行動去實現心願。關鍵在於學生在一剛開始是否覺得自己的成功機會很大。若根據過往經驗預期自己可以成功，那麼心智對比就能大大提升他們的動力與投入程度。不過如果那個願望實現的可能性不高，甚至完全不可能實現，我們還是會容易放棄。

實現妙方：心想事成的關鍵

從上述實驗可以了解，夢想不可以是幻想，我們最好是追求一個有機會實現的願望，否則，年復一年都會為了那個無法實現的心願，而感到挫折與失望，最終只好能放棄，或是轉而追求其他比較可能達成的夢想。除了 WOOP 正向思考法外，還有哪些方法可以幫助我們達成願望呢？以下提供兩點建議：

一、創造機會讓家人參與你的夢想

有時候我們的夢想與家人的期望會有衝突，家人的反對成為自己最大的阻礙。這時，不需要對他們避而不談自己的夢想，而是創造機會讓他們了解甚至接觸自己的夢想。例如：你想參與國際志工計畫卻遭家人反對時，不妨嘗試了解他們反對的原因，比如安全因素，你就得設法增加他們對該地點的認識，平時生活中可以有意無意的討論到當地的新聞，或是找一些相關影片增強自己的論點。

二、將夢想化為一個個小目標

當夢想很大，我們總會覺得夢想太遙遠而感到卻步，但若可以先將夢想拆解成一系列的步驟，便能按部就班的付諸實踐。例如：想要出國讀書，在那之前當然要先提升自己的英文能力、了解當地的學校、尋求財務資源等等，將過程中需要完成的事情列下來，排定完成的時間，並持之以恆的堅持下去，那麼就會發現夢想離你不遠囉！

生活有目標，讓你更幸福

小明：「我今天要跟維維他們去聚餐，你要來嗎？」

小美：「你們去好了，我已經跟媽媽說會回家吃飯了。」

小明：「你確定不來

嗎？我們聚餐後，還要去玩桌遊喔。」

小美：「沒關係，下次好了，而且我今天比較想把這本書看完。」

小明：「好吧！你真的很難約耶！」

日常生活中，你通常會做哪些事情來讓自己感到開心呢？有些人喜歡和朋友聚在一起玩樂；有些人沉迷在音樂、藝術的世界裡；有些人則覺得把握與家人在一起的時光最快樂。一般來說，我們直覺會認為出去玩的人肯定比宅在家的人快樂，但這可能是個迷思喲！因為有研究發現：「傾向從親情與友情，以及自己的正向思維來獲得快樂的人，其快樂程度不亞於那些熱衷於參加派對的人」。

實驗：當阿宅較開心？

心理學家貝爾納多卡爾杜奇（Bernardo J. Carducci）想了解人們在獲得快樂的策略上有何差異。他邀請三百三十七位大學生參與研究，藉由線上問卷調查他們與快樂有關的感受、想法、行為。問卷的內容包括：快樂的信念（我跟我的同儕一樣快樂、我今天的快樂程度有多高）、獲得快樂的策略（我有多常跟朋友出去玩、逛街、閱讀等）、生活滿意度（我很滿意自己的生活、如果重來一次，我不會想做什麼改變）、人生目標等。

將這些資料交叉比對後發現，經常外出跟朋友玩樂或者熱衷於參加派對的學生，其快樂指數和對生活的滿意程度，反而比那些不常外出而喜歡在家的學生低。同時還發現，對於那些已經為生活訂立一些目標的參與者，快樂指數與生活滿意度都比沒有目標的人還高。相反地，那些比較沒有人生目標的學生，因為生活比較缺乏目的性，所以他們比較傾向於追求短暫的快樂，例如：尋求酒飲、派對狂歡等刺激。當然，喜歡外出參加派對的人，並不代表沒有人生目標。

我們有時候會覺得參加活動、聚會可以讓自己變得開心，但是與家人、志同道合的朋友保持聯繫也很重要，所帶來的滿足感不可小覷。另一方面，我們也不必總羨慕那些社交活動很忙碌的人。每個人獲得快樂的方式不同，害羞、內向的人，往往比其他人更注重家庭關係，也更珍惜自己僅有的少數知己，他們的快樂和滿足感，並不是藉閒聊瞎混、跳舞狂歡而來。

實踐妙方：成功者的做法

上述的研究主要在提醒我們是否有去思考，並具體的為自己的生活訂立特定目標，因為這跟我們的幸福有很大的關係。當你有想達成的目標時，你會為了實現理想而有目的的分配時間，比較不會無所事事的上網、滑臉書、看Youtube，或者坐在電視機前三、五小時觀看沒意義的節目。若能充分利用時間，會覺得人生充滿意義，對生活的滿意度自然也會提高。

那些努力實現個人目標的人，他們會更有目的的進行休閒娛樂，並花時間去反思自己的生活，而不是無聊的找事情消磨時間。若你發現自己經常漫無目的的耗費精力在不太有意義的事情上（例如：一天花數十小時玩遊戲），這個時候你可能需要開始為自己制定目標，並練習延宕滿足，以下提供兩個有效的方法：

一、訂定目標的「S.M.A.R.T」原則

「S.M.A.R.T」是五個英文字的縮寫，S（Specific）目標要必須是一件具體的範圍的事；M（Measurable），目標必須是可以評估成果的；A（Attainable)有足夠的資源、能力可以實現目標；R（Relevant），平時執行和目標相關的事；T（Time-specific），為目標制訂明確的時間，才能確定

執行進度。

二、反問自己

我們經常透過信心喊話的方式，來讓自己不會因為困難或畏懼而不再努力，但其實透過疑問句來反問自己，我們可能可以將事情做得更好。與其告訴自己：「我做得到！」，不如反問自己：「我做得到嗎？」，因為自我對話的語言結構會影響人們對情境的思考方式，使人們更有效的激勵自己並產生動力。

國家圖書館出版品預行編目資料

用心理學發現微幸福 / 蔡宇哲, 潘怡格著. -- 初版. -
臺北市 : 幼獅, 2019.11
面 ; 公分. -- (科普館 ; 11)
ISBN 978-986-449-174-2(平裝)

1.心理學 2.通俗作品

170 108014664

・科普館011・

用心理學發現微幸福

作　　者＝蔡宇哲、蔡怡格
封面繪者＝嚴凱信
內文繪者＝吳嘉鴻
出 版 者＝幼獅文化事業股份有限公司
發 行 人＝葛永光
總 經 理＝王華金
總 編 輯＝林碧琪
主　　編＝沈怡汝
美術編輯＝李祥銘
總 公 司＝10045臺北市重慶南路1段66-1號3樓
電　　話＝(02)2311-2832
傳　　真＝(02)2311-5368
郵政劃撥＝00033368

印　刷＝威勝彩藝印刷事業股份有限公司
定　價＝270元
港　幣＝93元
初　版＝2019.11
四　刷＝2023.08
書　號＝915026

幼獅樂讀網
http://www.youth.com.tw
e-mail:customer@youth.com.tw
幼獅購物網
http://shopping.youth.com.tw

行政院新聞局核准登記證局版臺業字第0143號